写给孩子的成长奥秘

冰 河◎编著

Rockefeller

中国纺织出版社有限公司

内 容 提 要

本书将洛克菲勒的成功经验、人生感悟与智慧以及对后人的忠告编撰成一本献给孩子的成长手册。阅读本书，相信一定可以为孩子的成长之路添砖加瓦。

图书在版编目（CIP）数据

写给孩子的成长奥秘 / 冰河编著 . --北京：中国纺织出版社有限公司，2024.4
ISBN 978-7-5180-9464-6

Ⅰ．①写… Ⅱ．①冰… Ⅲ．①儿童心理学②儿童教育—家庭教育 Ⅳ．①B844.1②G782

中国版本图书馆CIP数据核字（2022）第058524号

责任编辑：闫　星　　责任校对：王蕙莹　　责任印制：储志伟

中国纺织出版社有限公司出版发行
地址：北京市朝阳区百子湾东里A407号楼　邮政编码：100124
销售电话：010—67004422　传真：010—87155801
http://www.c-textilep.com
中国纺织出版社天猫旗舰店
官方微博 http://weibo.com/2119887771
鸿博睿特（天津）印刷科技有限公司印刷　各地新华书店经销
2024年4月第1版第1次印刷
开本：710×1000　1/16　印张：11
字数：112千字　定价：49.80元

凡购本书，如有缺页、倒页、脱页，由本社图书营销中心调换

前言

可能在很多年轻人的心里，都有一个财富神话——洛克菲勒。的确，约翰·D.洛克菲勒是世界上第一位亿万富翁，是标准石油公司的创始人。他从周薪只有五美元的簿记员成长为世界巨富，被誉为"窥见上帝秘密的人"，成功地造就了美国历史上一个独特的时代。可以说，洛克菲勒是美国历史上不可磨灭的名字。他的影响力涉及美国乃至世界的政治、经济、文化等多方面。

曾有人做过这样的统计，在洛克菲勒五十岁，也就是1889年的时候，洛克菲勒的净资产已经达到了1.5亿美元，推算下来他每小时可以赚750美元。

中国人常说："富不过三代。"然而，洛克菲勒家族却打破了这一民间定律，如今，洛克菲勒家族的财富已经传承到了第六代，且依然独"富"天下。洛克菲勒家族被称为"世界财富标记"，这不得不说是一个奇迹。

可能很多年轻人都会惊叹，洛克菲勒的财富是如何积累起来的？洛克菲勒到底又是怎样一个人？他有那么可观的财富，那么漫长丰富的人生，他会选择和这个世界的现在和后来的人分享什么呢？

洛克菲勒的成功源于他对人生独特的感悟和智慧，而洛克菲勒家族的后人们都接受了他的忠告，传承了这些智慧。当然，这些智慧在他留给他的儿子的信中也有所体现。这也是我们编写本书的初衷，即想将这些智慧告诉世人。

《写给孩子的成长奥秘》，真实记录了洛克菲勒早年发迹到建立财富王国的种种历程。从书中人们不仅仅可以窥见洛克菲勒的经商才能、财商智慧、谋略智慧，还能看到洛克菲勒优良的品德、个人魅力等。书中的忠告句句都是金玉良言。在读完这本书后，相信生活中的每一个年轻人都会有所收获！

编著者

2023年4月

目 录

第一封信　命运由行动决定，而非出生 …………………… 001

第二封信　每个人都是自己命运的设计者和建筑师 ………… 005

第三封信　你应该视工作为一种乐趣 ……………………… 010

第四封信　机会是靠争取得来的 …………………………… 015

第五封信　击败竞争者 ……………………………………… 021

第六封信　借钱是为了创造好运 …………………………… 025

第七封信　只要不变成习惯，失败是件好事 ……………… 029

第八封信　世界上没有一样东西可取代毅力 ……………… 033

第九封信　信心的大小决定了成就的大小 ………………… 037

第十封信　可以欺骗敌人，但决不欺骗自己 ……………… 041

第十一封信　有时，贪心也是一种抱负 …………………… 044

第十二封信　别为追求胜利而不择手段 …………………… 050

第十三封信　必须创造使生命有点尊严的东西 …………… 053

第十四封信　装傻是一门学问 ……………………………… 057

第十五封信　勤奋是为了自己，不是为了别人 …………… 061

第十六封信　借口是失败的根源 …………………………… 065

第十七封信　自己就是最大的资本 …………………………… 071

第十八封信　不能让自己成为金钱的奴隶 …………………… 074

第十九封信　财富与目标成正比 ……………………………… 078

第二十封信　风险越高，收益越大 …………………………… 083

第二十一封信　侮辱催人奋进 ………………………………… 088

第二十二封信　发现对方的弱点并一击即中 ………………… 092

第二十三封信　建立在生意上的友谊远胜过建立在友谊上的生意 …… 096

第二十四封信　态度是我们最好的朋友 ……………………… 101

第二十五封信　没有想好最后一步，就永远不要迈出第一步 …… 105

第二十六封信　任何时候冲动都是我们最大的敌人 ………… 109

第二十七封信　机运就在你的选择之中 ……………………… 113

第二十八封信　我们的心态决定我们的能力 ………………… 118

第二十九封信　尾声就是开始 ………………………………… 122

第三十封信　明智的人绝不会为命运哀号 …………………… 126

第三十一封信　忠诚是甘心效命的开始 ……………………… 130

第三十二封信　责难是摧毁领导力的头号敌人 ……………… 134

第三十三封信　不以自己的好恶作为选拔人才的标准 ……… 139

第三十四封信　勇于在别无选择中，毅然杀出一条生路 …… 142

第三十五封信　始终把雇员摆在第一位 ……………………… 146

第三十六封信　巨大的财富也是巨大的责任 …………………… 149

第三十七封信　即使要出卖心灵，也要卖给自己 …………… 152

第三十八封信　我们要做"世上的盐" ………………………… 156

第一封信　命运由行动决定，而非出生

亲爱的约翰：

我知道你希望我能与你一起扬帆远航，乍一听这很不错，但在这艘航行的船上，我不是船长，你才是。要知道，上帝为我们创造了双脚，是希望我们能用自己的双脚走出一条路。

可能你会说，现在你还没有做好准备。但是事实上，现在刚进入商业圈，这对于你来说，也是一个充满挑战和冒险的神奇世界，是你新生活的开始，这是你未曾享受过的人生盛宴，而至于你如何使用摆在面前的餐具，如何品尝每一道菜肴，那完全要靠你自己。

作为父亲，我希望你成为一名出色的人才，这是毋庸置疑的，我希望你能超越我，不过我还是决定将你留在我身边，我这样决定，无非是希望你有更好的事业基础，让你在事业上走得更远，让你更容易获得成功的机会。

不过，这也没什么值得炫耀的，在我们国家，每个人在法律意义上都是平等的，不过，在经济和文化优势上却并非如此，这就好比有的人生活在山顶，有的人生活在山脚下，如果父母已经处于山顶，那么孩子就不至于生活在山脚下，而父母处于山脚下时，孩子

也更难爬上山顶。所以，很大程度上，父母的位置决定了孩子的人生起点。

但即便如此，我们也不能说，父母给的人生起点，决定了一个人的人生终点。实际上，很多人改变了自己的人生结果，这个世界上从没有永远的富人和永远的穷人，失败和成功也没有世袭更替的说法，只要我们坚持奋斗，就能成功，这一点是我一直坚信的，我们的命运也是由我们自己决定的，而并不是由我们的出身决定的。

约翰，你知道我的人生就是从一个周薪只有5美元的簿记员开始的，但经由不懈的奋斗建立了一个令人艳羡的石油王国。我现在的成功并不是神话，我只是懂得用行动和智慧来经营人生，我认为成功是对我持之以恒、积极奋斗的回报，是命运之神对我艰苦付出的奖赏。

约翰，机会永远都会不平等，但结果却可能平等。古今中外，无论是政界还是商界，那些白手起家的故事屡见不鲜，同时，也有很多讲述富家子弟走向衰败的故事。在麻州，曾有一项调查统计，十七个有钱人的孩子里面，竟然没有一个在离开这个世界时还是富翁。

我曾听到过一个流行的、讽刺的故事，故事发生在费城的一个酒吧里，当时有一段谈话，其中一个人说："他是白手起家的百万富翁。"此时，没想到旁边的另外一名客人接茬道："是啊，他继承了两千万，然后成功地将这笔钱变成了一百万。"

这是多么令人惋惜。但我们现今的社会，这种现象越来越多，其实

第一封信　命运由行动决定，而非出生

我觉得这些人并不值得我们同情，反而他们需要反思自己。

任何一个家族，即便它带有荣耀且有着成功的经济条件和背景，但也不能保证它的子孙后代能传承下去，我从不否认好的基础条件对于事业成功的帮助，却不能保证最后的成功，关于上面我说的这个悲哀的问题，我曾不止一次地思考过，那些富家子弟一开始确实具有家族带来的优势条件，但疏于提升自身技能和知识，而出身环境差的人，则因强烈要求自救和改变处境而发挥创意提高能力，他们会格外珍惜各种机会。那些富家子弟们缺乏的正是这种强烈要求自救的野心，进而将自己交给命运安排。

因此，在我的家族内，在你和你的姐姐还未经人事的时候，我就有意识地避免让你们知道你们的父亲其实有很多财富，我更倾向于让你们获得节俭、个人奋斗的观念，因为我知道，对于孩子伤害最大的就是给他们钱，因为它可以腐蚀一个人的灵魂，让一个人腐化堕落、傲慢无礼、不可一世，失去最简单的快乐，你们是我最爱的孩子，我不能用财富将你们埋葬，不能让财富将你们腐蚀成不思进取、只知道依赖父母的懦弱无能者。

其实，真正的快乐，是源于创造，而不是一味索取。一个真正快乐的人，是能够享受自己的创造的人。那些像海绵一样，只取不予的人，只会失去快乐。

我相信没有不渴望过上快乐、高贵生活的人，但真正懂得高贵、快乐生活从何而来的人却不多。高贵、快乐的生活，不是来自高贵的

血统，也不是来自高贵的生活方式，而是来自高贵的品格——自立精神，看看那些赢得世人尊重、处处施展魅力的高贵的人，我们就知道自立的可贵。

约翰，你的一举一动都牵动着我的神经，我十分挂念你，但与这种挂念相比，我更坚信，你会拥有美好的品格，这是比任何财富都珍贵的东西，因为拥有它，你将会铺就美好的前程，拥有一个幸福而成功的人生。

我希望你能强化这样的信念：一个人的起点可能影响结果，但不会决定结果。在人生路上、在商业竞争中，一个人的人生态度、野心、能力、手段、运气以及经验等，比出身条件重要多了。现在，你的人生才刚刚开始，但你马上要面临人生的战斗，我有很强烈的预感，你会打赢这场战争，但你要知道，每个人都有追求胜利的意志，只有决心做好准备的人才会赢得胜利。

我的儿子，约翰，你要知道，拥有特权而缺乏力量的人百无一用，享受教育而无法产生影响力的人更是废物，我希望你能找到属于自己的路，你会得到上帝的眷顾！

爱你的父亲

第二封信　每个人都是自己命运的设计者和建筑师

亲爱的约翰：

一些人注定要成为出色的大人物，光芒万丈，因为他们具有非凡的才能，老麦考密克先生，他就很善于制造运气，他所创造的收割机，收割的并不是谷物，而是钞票和财富。

我认为，老麦考密克永远是位野心勃勃且具有商业才能的实业巨子，收割机的诞生，不仅解放了美国农民的双手，更让他赚了个盆满钵满，他不仅在美国受欢迎，更受法国人的青睐，被他们称为"对世界最有贡献的人"。哦，这真是一个意外的收获。

你也知道，其实这位老麦考密克先生只是一位贩卖工具的普通人，却因为善于设计人生而成为商界奇才，他曾说过这样一句名言："运气是设计的残余物质。"

这看上去是一句很难理解的话，它到底指的是策划有了好运气，还是指运气是策划之后剩余的东西呢？我认为，二者兼有，也就是说，我们的运气是自己创造的，我们的任何行为都有运气的成分，而运气是策划过程中伴随而来的福音。

麦考密克洞悉了运气的真谛，打开了运气的大门。所以，我对麦考密克收割机能行销全球，成为日不落产品，丝毫不感到奇怪。

不过，我们的生活中，如老麦考密克先生这般善于策划人生运气的人很少，同样的，不相信运气的人、误解运气的人也很少，在大多人看来，运气是与生俱来的，只要他们发现一些人赚了大钱，或者升了职，再或者在某一领域内取得了出色的成就，他们就会嗤之以鼻，然后说："看吧，这一切都是因为他获得好运气的垂青。"其实，这些人永远都无法明白一个道理：每个人都是他自己命运的设计师和建筑师。

必须要认可的一点是，我们做什么都需要一点运气，这就好比我们必须要拥有金钱一样，不过，我们绝对不可坐等运气的来临。我的信条是：我不靠天赐的运气活着，但我靠策划运气发达。我相信好的计划会左右运气，甚至在任何情况下，都能成功地影响运气。我在石油界实施的变竞争为合作的计划恰恰验证了这一点。

在我开始执行自己的那一项计划之前，我们的石油界一片混乱，那些炼油商们各自为政、利欲熏心、只考虑自己的利益，他们之间进行了一次次恶性竞争，从消费者的角度来说，这无疑很有益，但一味地压制油价，对炼油商来说打击太大了。所以，那段时间里，炼油商都在做亏本买卖，石油行业极度萎靡。

我认识到，要想让这个行业起死回生，要想继续赚到钱，就必须先要驾驭这个行业，理性起来，我认为这是我的责任。尽管难度很大，要做到这点，就需从长计议——制订计划——一个将所有炼油业务置于我麾下的计划。

约翰，生意场就是猎场，你要想成为出色的猎手，就必须要开动脑筋、行事谨慎，要有洞察事物内部危机和机遇的眼光，同时要善于博弈，要将威胁你主导地位的一切不利因素清除掉。那时，我认真分析了当下的形势，且对自己的实力作了一个综合评估，决定将大本营科利弗兰作为我发动统治石油工业界的第一战场，等我将那里的二十几家对手征服后再采取进一步行动，直到我能在石油行业建立一个新秩序。

我知道，就如同指挥官指挥战争一样，必须要有进攻对手的武器，我抢占石油市场也必须要找到一种手段，这一手段足以解决所有问题，那就是钱。那时，我需要很多的钱，只有资金足够，才能收购那些生产过剩的炼油厂。但我手头资金完全不够，那么，怎么办呢？

此时，我想到一个办法——组建一家股份制公司，把行业外的投资者拉进来。很快我们以百万资产在俄亥俄州注册成立了标准石油公司，第二年资本扩张了三倍半。

接下来出现的新问题是，何时执行呢？我认为我算是一位有远见卓识的商人，因为我能从不幸中寻找新的机遇。

在我进军石油界的初始阶段，整个石油业一片混乱。在科利佛兰，超过百分之九十的炼油企业在竞争中已经撑不下去了，对于他们来说，最大的出路就是把厂子卖掉，否则，他们只能走向灭亡，我认为此时正

是收购对手的好机会。

这并不涉及良知问题，因为我深知，商场本来就如同战场。我选择收购的第一个目标就是我一直最强劲的对手——克拉克·佩恩公司，一直以来，这家公司都想吃掉我的炼油厂。

先下手为强，我很清楚这个道理。于是，有一天，我主动找到了这家公司的负责人，也就是我中学时代的老友——奥利弗·佩恩先生，我阐述了石油界的现状，石油业混乱、低迷的时代该结束了。为保护无数家庭赖以生存的这个行业，我要建立一个庞大、高绩效的石油公司，并欢迎他入伙。最终，我的计划打动了佩恩，他同意以40万美元的价格出售公司。

当然，我心知肚明的是，对方这家公司根本不值这个价钱，但我并没有指出来，因为这场收购计划意味着自己将变成世界最大炼油商，为迅速把科利佛兰的炼油商捏合在一起充当强力先锋。

事实证明，我的做法是正确的，在接下来不到两个月的时间里，有22家竞争对手愿意归属到标准石油公司的麾下，并最终让我成为了那场收购战的大赢家。而这一成果又给了我动力，在此后三年时间里，我连续征服了费城、匹兹堡、巴尔的摩的炼油商，成为了全美炼油业的唯一主人。

今天想来，我真是幸运，如果当时我只感叹自己时运不济，随波逐流，我或许早已被征服了，但我策划出了我的运气。

的确，世界上什么事都可以发生，就是不会发生不劳而获的事。那

第二封信　每个人都是自己命运的设计者和建筑师

些随波逐流、墨守成规的人，最终与成功无缘。实际上，那些成功者，如企业家、高官、个体经营者、厨师、建筑设计师，他们的成功都是来自于他们在自己岗位上的努力付出，他们的成功也都有个相同点，就是都沿着自己命运的方向，努力地建筑自己。而不成功的人都有两个共同点，就是不知道自己能成为怎样的房屋，也没努力地为自己添砖加瓦。

约翰，要想让我们的好运连连，我们必须要精心策划运气，而策划运气，需要好的计划，好的计划一定是好的设计，好的设计一定能够发挥作用。你需要知道，在构思好的设计时，要首先考虑两个基本的先决条件，第一个条件是清楚知道自己的目标，也就是你要成为什么样的人的问题；第二个条件是知道自己手头有什么资本，如地位、金钱、人际关系，乃至能力。并且，这两个条件并没有什么绝对的先后顺序，甚至我们可以将其糅合，然后最终形成自己的计划，而剩下的东西就是用手段与时间去填充，和等待运气的来临了。

你需要记住，我的儿子，设计运气，就是设计人生。所以在你等待运气的时候，你要知道如何引导运气。

爱你的父亲

第三封信　你应该视工作为一种乐趣

亲爱的约翰：

很久以前，在西方，有一个人在死后来到一个美妙的地方，那里能享受到一切他曾经没有享受过的东西，包括美女和美味佳肴，还有数不尽的佣人伺候他，他觉得这里就是天堂，可是在过了几天这样的生活后，他厌倦了，于是，对旁边的侍者说："我对这一切感到很厌烦，我需要做一些事情。你可以给我找一份工作做吗？"

他没想到，他所得到的回答却是摇头："很抱歉，我的先生，这是我们这里唯一不能为您做的。这里没有工作可以给您。"

这个人非常沮丧，愤怒地挥动着手说："这真是太糟糕了！那我干脆就留在地狱好了！"

"您以为，您在什么地方呢？"那位侍者温和地说。

约翰，这则寓言故事，是要告诉我们：失去工作就等于失去快乐。但是令人遗憾的是，有些人却要在失业之后，才能体会到这一点，这真不幸！

我可以很自豪地说，我从未失业，并不是因为我运气好，而是因为我从不将工作看成是毫无乐趣的苦差事，而是认为工作本身就是一件快

第三封信 你应该视工作为一种乐趣

乐的事。

事实上，工作不仅为我们提供了生存的机会，还让我们找到了在社会中的价值。工作使年轻人奋发有为，让他做出超越父母的成就。工作是在储蓄快乐，但无论如何，你必须先热爱工作，它才能给你最大的回报。

我初进商界时，时常听说，一个人想攀到高峰需要做很多牺牲。然而，很多年过去了，我发现，那些正在努力攀向高峰的人，并不是在做所谓的牺牲，他们之所以努力，是因为他们真正喜爱当下的工作，无论从事哪个行业，只要全身心投入和热爱，并且能专心致志，早晚都会成功。

热爱本身就是一种信念，在这样的信念的指引下，即便是身处悬崖之下，我们也能凿出一片充满希望的天。正如一位伟大的画家所说得那样，"痛苦终将过去，但是美丽永存"。

生活中，并不是所有人都能认识到这一点，我们经常看到，很多人或因为报酬不理想而放弃现在的工作，或为了前方一个薪资更好的工作而放弃快乐；或在现有工作上"做一天和尚撞一天钟""得过且过"，事实上，即便是那些所谓的完美的工作，也会将高薪和好的机遇留给那些在工作中格外努力和认真、花更多时间做事的人，因为他所从事的是商业，不是慈善，他们只需要那些能为他们带来价值和利益的人。

其实，无论一个人有多么大的目标和野心，他都需要先走出第一步，才有可能到达高峰，只要迈出第一步，后面的事情就没那么难了，

011

那些看起来越是难以着手的工作，越是要马上去做，等的时间越久，事情就变得越困难、越可怕。这就有点像射击，你瞄准的时间越长，射中靶心的概率就越低。

我的第一份工作是一名书记员，那个时候，天还没亮我就要出门上班，办公室的鲸油灯又很昏暗，但即便如此，那份工作从未让我感到苦闷，反而让我热血沸腾，即便我每天要处理很多琐碎的工作，我依然不失热情。后来，我的老板给我加了薪。

不过，我依然要说的是，工资和收入只是工作带来的副产品，我们作为员工，只需要做好自己的分内工作，你自然能得到你想要的报酬，而最为重要的一点是，我们努力工作的最高报酬不在于我们所获得的，而在于我们会因此成为什么。那些思维敏捷的人拼命工作并不只是为了赚钱，让他们付出激情去努力的并不只是钱，还因为他们在从事一项迷人的事业。

其实，在我很小的时候我的梦想就是成为富翁，在积累财富上我从未隐藏过自己的野心，对我来说，我所工作的休伊特-塔特尔公司是一个既让我锻炼能力，又让我一试身手的好地方。这家公司主要是代售各种商品，拥有一座铁矿，不过它赖以生存的基础是铁路与电报，要知道，这可是为当今美国经济带来变革与变化的巨头。进入这家公司，我便进入了一个神奇的商业世界，我从中学到了如何尊重数字和事实，看到运输行业的前景，更培养了我作为商人应具备的能力与素养，而这些，都为我未来在商业领域内大展拳脚奠定了基础，所以，没有在休伊特-塔特

第三封信 你应该视工作为一种乐趣

尔公司的历练,在后来的经商中,可能我要走很多弯路。

现在,我还时常想起这家公司的两位先生——休伊特和塔特尔,我的内心还是不禁涌起感恩之情,那段工作历程是我人生重要的开端,虽然只有短短三年半的时间,却为我打下了努力奋斗的基础,因此,对那一段经历,我一直感激不尽。

所以,我不会抱怨我的老板,说:"我们不过是为雇主劳动的奴隶,被雇主压在脚下,他们享受着丰硕的劳动成果,在别墅里快活,他们的保险柜里都是黄金,他们的每一分钱,都是压榨我们的劳动力获得的。"不知道这些人是否想过一个问题:是谁给了你工作的机会?是谁让你足以支撑家庭支出?是谁让你获得机会进行自我发展?如果你认为自己被人压榨,那么,你为什么不结束被压榨、彻底离开现在的工作岗位呢?

对待工作的态度,决定了我们是否快乐,比如,同样是石匠,同样在雕塑石像,如果你问他正在做什么,其中一个人可能就会说:"正如你所见,我在凿石头,凿完这块我就可以回家了。"对于这种人来说,工作就好像是一种惩罚,从他的身上,我们只能看到一个字"累"。同样的问题,也有人会回答:"你看到了吗,我在凿雕像。这份工作很辛苦,但我能获得不菲的报酬,毕竟我要养活我的太太和四个孩子。"在这种人看来,工作是一种负担,他们常常把这四个字挂在嘴边"养家糊口"。而如果你问第三个人,他可能会放下工具——锤子,然后骄傲地指着面前的石像说:"正如你所见,我在创作一件艺术品。"这种人热爱自己的工作，从工作中获得乐趣，我们经常听到他们说的是"我现在所做的工作很有意义"。

因此，天堂或者地狱，完全由自己决定。快乐的秘密，不在于做你所爱的事，而在于爱你所做的事。当我们能做到为自己工作，为明天积累时，那么，你将拥有更大的挥洒的空间，更多的实践和锻炼的机会，找到工作中的乐趣，能够让你在工作岗位上更主动更积极地处理各项事务，为自己不断开创新的工作机会和发展空间！

约翰，如果你视工作为一种乐趣，人生就是天堂；如果你视工作为一种义务，人生就是地狱。你可以检查一下自己的工作态度，这样你会感到愉快。

爱你的父亲

第四封信　机会是靠争取得来的

亲爱的约翰：

我总是对聪明人说的话格外留意，因而也更容易记得牢，曾经就有这样一位聪明人说了这样一句话："教育涵盖了许多方面，但是它本身不教你任何一面。"这虽然是简单的一句话，但蕴含了这样一条真理：如果不去做，那么，即便是世界上最实用、最美丽、最可行的哲学也无法行得通。

我一直相信，机会是靠机会得来的。计划哪怕再完美，也会存在缺陷，但如果执行了计划且坚持下去，那么，总比那些华丽而虚无、半途而废的计划好得多，因为前者会贯彻始终，后者却半途而废了。因此，在我看来，成功没有秘诀，要想得到一个好的结果，有过人的聪明才智当然是好的，但如果没有只要你能积极行动，就会越来越接近成功。

可惜的是，很多人并没有认识到这一点，进而只能沦为庸人，他们有个共同的特点就是：被动地活着，他们动嘴多、行动少，或者只说不做，但在找借口上无人能敌，直到最后他们证明这件事不应该、没有能力去做或已经来不及了为止。

我自认为自己比这些人更为聪明，因此，家喻户晓的盖茨先生曾说

我是一个主动做事、自动自发的行动派，有这样的评价，让我很欣慰，因为我确实是个行动派，这是我的另一个标签，我一点也不喜欢纸上谈兵，因为我知道，行动才能产生结果。世界上任何一件东西都是经过行动来获得的，人只要活着，就要将行动考虑在内。

我们都认可一点，知识只有建立在智慧的基础上才是有用的，但让我们感到沮丧的是，即使知识再富有，如果缺乏行动力，一切都只是空谈。其实，任何一件事，准备与行动二者缺一不可，如果一味地做准备而不行动，最终只不过是浪费了时间。换句话说，事事必须有节制，我们不能让自己掉入不断准备、计划的圈套中。因此，我们要承认的一个事实是：无论你的计划多么完美、周密，我们也不可能将最后的结果预测出来。

不过，我没有说计划不重要，计划是做任何事的前提，但计划不可能代替行动。拿打高尔夫球来说，如果第一杆没打过，不可能一次进洞，更别说到达第二洞。行动解决一切。没有行动，什么都不会发生。这个世界上不存在万无一失的保险，但我们能做到的是下定决心去实行我们的计划。

行动力不足的人，通常都有一个习惯：固步自封、不喜欢改变，这是一种极具欺骗性和自我毁灭的坏习惯，因为这个世界本身就是变化着的，不存在不变的事物，但因内心的恐惧——对未知的恐惧，一些人拒绝改变，即便现状也不好，他们还是不敢往前走。一些人，他们本可以在事业上做出一番成就，但最后却一事无成，也就证明对于他们来说，改变是多么困难的一件事。

不得不说，我们每个人，在决定做一件事尤其是一件大事之前，心里多少都会有一些担心，也会感到害怕和恐惧，也会在心里犹豫到底要不要做，但行动派会用行动来化解忧虑，他们会积极寻找各种办法来达成目的，在面对困难和挫折时也更有勇气。

相反，那些行动力不足的人在这一方面大都很天真，喜欢幻想，幻想着美好的事能光临自己，他们会天真地以为别人会主动关心他的事，实际上，他们没有认识到的是，除了自身，谁也不会真正对你的事感兴趣，人们只对自己的事情感兴趣。例如，经营一笔生意，利润越大，我们得到的利益越多，这需要你主动出击、采取措施，而别人不会关心。能不能获得利益与他们关系不大，所以他们也不会在乎。这时候，我们最好主动点，促进事情的发生。如果我们懈怠、退缩，坐等别人来帮忙的话，那么，事情的结果势必会让你失望。

任何人，只有依靠自己，他才不会让自己失望，也只有这样，才能把控自己的命运，促进事情朝着好的方向发展，这也是聪明人的做事风格。

其实，人生中最令人感到沮丧的莫过于想得太多，一旦想太多，只能空耗生命，以至于没有时间去真做，他们会将每个步骤、每个细节考虑在内，如果发现细节太多，他们就会在内心认为事情无法办到，一旦有这样的恐惧，最后真的一事无成。

我们必须承认，时间是宝贵的，也是短暂的，谁都不可能将每件事都做好，聪明人明白，并非所有的行动都会产生好的结果，只有明智的行动才能带来积极的结果，因此，聪明人做工作是有选择性和目的性的，他们只做那些与完成目标相关的工作，而且，他们会一门心思去做，所以聪明人总能做出最有价值的成绩，并获益良多。

正如我们不可能一口吃成一个胖子，做事也是，完成事情，如果想要事事兼顾，机会只会在不经意间溜走，因此，一直以来，我都有一条行事准则：对紧急事件采取不公平待遇。

很多人在人生中成为被动者，都是因为他们非要等到万事俱备、一切条件都十全十美时再行动，但是哪里有十全十美的机会呢？那些被动的人平庸一辈子，往往都是因为他们非要等到所谓的绝对完美的时机出现时才去做，这种做法很不明智，我们必须要告诉自己，现在手头的就是需要的机会，唯有如此，才能避免让自己陷入无尽等待之中。

我们都想要完美，但是真的有完美存在吗？如果一味地等待完美，等待所有条件都万无一失时才去做，只能永远等下去，并将机会拱手让给他人。那些非要等到所有事情都准备妥当才出发的人，永远也不可能真的离开家，要想变成"我现在就去做"的那种人，就要从现在起，戒掉做白日梦的坏习惯，就要时时想到现在，从现在就开始做。这样一些字眼，"明天""以后""下礼拜"等，必须要从你的字典里删除。

每个人都会感到沮丧、失去自信，尤其是当自己遇到挫折和困难时。但真正聪明的人，会用坚强的意志克服困难，他会告诉自己，失败是人们都会遇到的，会告诉自己，哪怕自己准备得再充分，也有失败的可能。然而，被动的人，却并不认为失败是一种契机，他们总是不断提醒自己：或许我真的不行了，这样便导致了参与未来行动的积极性降低。

人们常说心想事成，在我看来，这不过是自欺欺人的谎言罢了，好主意太廉价了，那些最初的点子不过是行动的起步，接下来还需要准备与行动，我们生活的这个世界，从不缺少那些有想法的人，但最后取得成就的，往往是将点子付诸实践的人，懂得将点子付诸实践比一千个好主意要有价值得多的人却很少。

人们如何判断你，不是看你脑袋里的想法有多少，而是你的行动。人们都更愿意信任那些脚踏实地的人，他们会认为：这个人敢说敢做，一定知道怎么做是最好的。我从未听说过有人会因为根本不去做等别人指派而被人赞赏的，在很多重要的领域，如商界、政界、军队中的领袖，都是很能干又肯干的人、百分之百主动的人。那些站在场外袖手旁观的人永远不能成为领导。

因此，无论是被动的人，还是那些自动自发者，都是习惯使然。习惯好比缰绳，我们每天织一根，最后这根缰绳就会粗大无比，习惯的缰绳要么带领我们登向高地，要么将我们拽入谷底，一切取决于习惯的好坏。坏习惯能摆布我们、左右成败，它很容易养成，但却很难伺候。好习惯的养成固然艰难，但只要维持下去，就能为我们所用。

要有现在就做的习惯，最重要的是要有积极主动的精神，戒除精神散漫的习惯，要决心做个主动的人，要勇于做事，不要等到万事俱备以后才去做，永远没有绝对完美的事。培养行动的习惯，不需要特殊的聪明智慧或专门的技巧，只需要努力耕耘，让好习惯在生活中开花结果即可。

约翰，人的一生就是一场伟大的战役，要打赢这场仗，你需要行动，再行动，永远行动！这样，你能获得永久的安全感。

圣诞节快乐！我想，这封信大概是最好的圣诞礼物了。

爱你的父亲

第五封信　击败竞争者

亲爱的约翰：

我很难过，因为我的劲敌——本森先生去世了，就在昨晚。

本森先生不只是我的劲敌，更是我敬重的一个人，他卓尔不群的才干、顽强的意志和优雅的风度留给我深刻的印象。

直到今天，我还记得在我们结盟之后，他跟我开的那个玩笑，他说："洛克菲勒先生，您是一个毫不手软而又完美的掠夺者，输给那些坏蛋，会让我非常难过，因为那就像遭遇了抢劫，但与您这种循规蹈矩的人交手，不管输赢，都会让人感到快乐。"当时我的回答是："本森先生，如果你能把掠夺者换成征服者，我想我会乐意接受的。"因为我那个时候分不清他是真的赞美还是在恭维我。

他笑了。

我承认，我非常敬佩本森的勇气，但这并不代表我会谦让。

那时候，我刚刚打败了全美最大的铁路公司——宾州铁路公司，并成功制服了全美第四家也是最后一家大型铁路公司——巴尔的摩·俄亥俄铁路公司。就这样，连同他最忠实的盟友——伊利铁路公司和纽约中央铁路公司，全美四大铁路公司全都成为了我手中的工具。可以说，此时我的生意正蒸蒸日上，并且，我掌管的标准石油公司的管道正一步步地延伸到油田，这更让我获得了主要铁路干线和油井的绝对控制权。

此时，我在商界的地位是心照不宣的，甚至可以说，我决定着很多人的生杀大权，尽管我并没有那么做，然而，本森却故意挑衅。

我要铺设一条从布拉德福德油田到威廉斯波特的输油管道，去拯救那些唯恐被我击垮，而急欲摆脱我束缚的独立石油生产商们，当然，想从中大捞一把的念头更支配着他勇闯我的领地。他们动作迅速地在进行着这项工作，当然，我也没有掉以轻心，掌握着他们的一举一动。

看到本森的这些行为，我决定主动出击了，刚开始，我反击的方法并没有起到多少效用：我用高价买下一块沿宾州州界由北向南的狭长土地，企图阻止本森前进的步伐，但本森采取绕行的办法，化解了我打出的重拳，结果我成了无所作为的地主，却让那里的农民一夜暴富。接着我动用了盟友的力量，要求铁路公司绝不能让任何输油管道跨越他们的铁路，本森如法炮制，再次成功突围。最后我想借助政府的力量来阻击本森，但没有成功，只眼睁睁地看着本森成为英雄。

此时的我更加意识到问题的严重性，但这并没有动摇我打败对手的信心。我明白，那条长达110英里的管道是我最大的威胁，如果任由原油在那里毫无阻碍地流淌，流到纽约，那么本森他们就将取代我成为纽约炼油业的新主人，同样也将使我失去对布拉德福德油田的控制。这是我不能允许的。

我并不是赶尽杀绝的人，我的目的很直接：用不太高的价格，得到我想要的东西，然后重新建立起商界秩序。所以，当那条巨蛇即将开始涌动的时候，我向本森提议，我想买他们的股票。但很不幸，他们拒绝了。

本森的态度激怒了很多人，主管公司管道运输业务的奥戴先生要用武力毁了它，以惩罚那些不知好歹的家伙。我当然反对这种方法，在我看来，这是无耻的勾当，这是一种邪恶而下作的想法，只有无能的人才会干这类令人不齿的勾当，我告诉奥戴：杀了你那个愚蠢的想法！我从来没有想到会输，但即使输了，唯一需要做的就是光明磊落地去输。

当然，最后我采取了一条让本森难以招架的措施——向储油罐生产商下订单，让本森再没有储油罐可用，本森输了，输得心服口服。

的确，我一直坚持一个观点：无论做人还是赚钱、做生意，都要遵守一定的秩序，遵守秩序，会保证我们都在正确的轨道上行进。

任何一位出色的指挥官，都不会将精力放到那些与自己无关的目标上，而是要攻打那个对全城构成威胁的碉堡，我对于本森先生的每一次打击造成的直接结果就是让他无油可运。无疑，这场仗我胜利了，本森先生投降了，要知道，原来那条被称为全美最长的输油管道建成未足一年，他主动提出与我讲和。当然，他并不想投降，但他是明智的，他再

这样与我对抗下去，将会损失更多。

约翰，每一次重要的竞争都决定了生死，你要记住："后退就是投降！后退就将沦为奴隶！"既然已经无法避免战争，那么，就让它来吧！而在这个世界上，无时无刻不存在着各种各样的竞争，我们没有休息的时候。我们所能做的，就是带着强有力的意志力，勇敢面对迎面而来的竞争，而且要乐在其中。

赢得竞争，关键你要保持警觉，一旦发现对手在想方设法打击和削弱你，那就是竞争的开始。这时你需要知道自己拥有什么，也需要知道友善、温情可能会害了你，而后就是动用所有的资源和技巧，去赢得胜利了。

当然，要想在竞争中获胜，不但要有勇气，更要有实力，拥有拐杖，也不能代替双脚。我们要靠自己的双脚站起来，即使你的双脚不够坚韧有力，也不要放弃，而应该多给自己磨炼的机会，努力强化它们，让它们发挥力量。

我想，即使是已故的本森先生，也会认同这个观点。

爱你的父亲

第六封信　借钱是为了创造好运

亲爱的约翰：

我能够理解，你为什么对用从我这里借来的钱去股市发展感到惶恐，其实很简单，因为你用借来的钱去闯荡，会感到不安。你既想赢，又怕在冒险的世界里输，而输掉的钱又不是你的，而是借来的，还得支付利息，为此，你战战兢兢，最终选择了放弃眼前的机会。

这种输不起的心态，在我刚开始创业，乃至有所成就后的很长一段时间都困扰着我，每次我借款时，都会惴惴不安，都会在到底要不要冒险之间徘徊，甚至无法睡个好觉，我总是在考虑如何找到一条好的路子偿还以后的贷款。

常有人说，冒险的人经常失败。但成功的人又何尝不是冒险的人呢？我们总担心借钱会让我们举债，但借钱并不是坏事，只要你不要把它看成救命稻草，只在危机的时候使用，而把它看成是一种有力的工具，你就可以用它来开创机会。否则，你就会掉入恐惧失败的泥潭，让恐惧束缚住你本可大展宏图的双臂，而无法取得大的成就。

在我认识的那些富翁中，完全凭借自己双手去积累财富的人很少，更多的人的第一桶金都是借来的，其实道理很简单，同样是买卖，一块钱的买卖不可能比一百元的买卖赚得多。

其实，无论是赚取财富，还是赢得人生，优秀的人在竞技中想的不是输了我会怎样，而是要成为胜利者我应该做什么。

借钱的目的是为自己创造好运，假如抵押一块土地就能让我得到充足的资金，进而可以占有一块更广阔的土地，那我一定会毫不犹豫地去做。在创业之初，我曾多次欠下巨债，甚至不惜把我的企业抵押给银行，结果是我成功了，我创造了令人震惊的成就。

儿子，人生就是不断抵押的过程，为前途我们抵押青春，为幸福我们抵押生命。因为如果你不敢逼近底线，你就输了，为成功我们去抵押、去冒险难道不值得吗？

谈到抵押，我想说，当我从银行家手中获得巨款时，我抵押出去的不仅是企业、产业等，最重要的是我的诚实，在我看来，合同、契约是神圣的东西，我严格遵守合同，从不拖欠贷款，对于我的客户、投资人、银行家，哪怕是对手，我都会对他们诚实，与他们打交道，我坚持说真话、办真事，从不捏造或含糊其辞，因为我坚信，谎言永远见不了光。

付出诚实的回报是巨大的，在我没有走出科利佛兰前，那些了解我品行的银行家们，曾一次次把我从难以摆脱的危机中拯救出来。

有一天，我被告知，我的炼油厂失火了。炼油厂失火，多么严重的事！我知道损失惨重，虽然我曾经为炼油厂买过保险，但即使要赔付保险金，也需要保险公司走完流程，这是需要一段时间的，而我又急需一

第六封信　借钱是为了创造好运

笔钱重建炼油厂，我只得向银行借贷，然而，在与银行工作人员交涉的过程中，我遇到了极大的难题。

石油行业本身就是一个高风险行业，每个银行在为这一行业提供贷款时都是抱着一颗冒险的心的，再加上我的炼油厂刚刚又损失惨重，那些银行家们当然不愿意立即为我放贷了。

就在我束手无策时，有一个叫斯蒂尔曼的人出现了，他带着一名提着保险箱的职员出现在了会议室，他对其他几位董事说："听我说，先生们，洛克菲勒先生和他的合伙人都是非常优秀的年轻人。如果他们想借更多的钱，我恳请诸位要毫不犹豫地借给他们。如果你希望再保险一些，这里就有，想拿多少就拿多少。"

我开心极了，我很庆幸自己用诚实征服了这些银行家。

诚实是一种方法，赢得信任，他人才会借钱帮你渡过难关。我才踏上了快速的成功之路。

当然，今天，我已经不需要再求助于这些银行家了，我自己本身就是一座银行，但我永远都在感激那些曾在关键时刻倾力相助过我的银行家们。

约翰，在未来，你的工作可能是管理企业，你需要明白，经营企业的目的是要赚钱。要赚钱的重要一步，就是要扩大企业，这就可能要面临将企业抵押出去，这也是管理和运用金钱的重要事项。如果你只把眼光放到一种功能上，你就可能要面临失败，甚至你还可能要面临财务危机。

如何管理和运用金钱，这与赚钱的理念不同，要管理和运用金钱，你必须乐于亲力亲为、亲自管理数字，而不能只是谈那些方法与策略，不能只是空谈管理和策略。机会表现在细节之中。如果你忽视这些细节，或者跳过这些细节，将这些所谓的小事授权给别人去做，那么，你就至少让事业的风险增加了一半，不过关注细节，也不可丧失热情，成功的做法是你要记住两点：一个是战术，另一个是战略。

儿子，现在你正朝着未来前进，面对自己的目标，你唯有勇敢，别无他法。

爱你的父亲

第七封信　只要不变成习惯，失败是件好事

亲爱的约翰：

最近一段时间，你总是情绪低落，这让我也感到难过，我知道，那一百万投资失败的事让你感到羞愧和沮丧，这让你总是闷闷不乐、郁郁寡欢，其实，你完全没必要介怀，你只是失败了一次，并不能说明你就是无能之辈。

我希望你能快乐，我的儿子。你需要知道，这个世界上，没有谁一切都能顺心如意，相反，我们都要经常面临失败，也正是因为有失败的存在，追求成功和卓越，才变得更有魅力，才让人们为之努力，甚至不惜以生命为代价。但即便如此，我们也难免失败。

我们的命运也是如此，不过我却能将失败看成一杯烈酒，饮下去的是苦涩，却能换来精神。

在商业活动中，我也曾有一次失败的经历，那时，我刚刚进入商界，我信誓旦旦要闯出自己的一片天地。我的第一笔生意是关于农产品的，我购进了一批豆子，但却遭到了天灾——一场霜冻将我的财富梦打碎了，我损失惨重。这注定是一次失败的生意，不过，不要沮丧，也不能被失败打倒。我认为，要想重生就要冒险，于是，我向我的父亲借

钱，然后跟自己的合伙人克拉克先生商量如何宣传自己，通过报纸广告让我们的潜在客户知道，我们能够提供大笔的预付款，并能提前供应大量的农产品。

实践证明，我的做法是正确的，勇气拯救了我，这一年下来，我不仅扭亏为盈，还获得了一笔可观的纯利。

没有人喜欢失败，但失败不可避免。如果要将避免失败变成行为的动机，你就真的会懈怠，这是一件非常可怕的事，甚至是灾难，因为这表明你可能会丧失原本可能的机会。

儿子，机会难得，人们常常因为机会而成功、发财，那些物质困窘的人，他们也并不是不够努力，而是没有改变命运的机会，你需要知道，我们生存的世界是一个弱肉强食的丛林，你不是被人吃掉就是吞没别人，逃避风险，反而让自己置于危险之中，相反，抓住和利用了机会，就是保护和证明自己，就是掠夺他人的资源。

因为害怕失败就不去做，就会损失更多的机会，因此，我的儿子，为了避免丧失机会、保住竞争的资格，现在的失败反而不是一件坏事。今天的失败，是为明天的成功做准备的，可以说，我能有今天的成就，是踩着失败的阶梯一步步爬上来的。不过，我认为我是一名聪明的"失败者"，因为我懂得从失败中学习，汲取那些成功的因子，将这些有用的知识和经验应用到开创自己的新事业中，所以我想说，只要不变成习惯，失败是件好事。

我一直奉行这样的信念：人始终要保持活力，永远坚强、坚毅，不

第七封信　只要不变成习惯，失败是件好事

论遭遇怎样的失败与挫折，这是我唯一能做的事情。我十分明白，怎样做、如何做才能让自己感到快乐，了解什么东西值得我为之努力，了解我根本的期望。就好比人们清扫垃圾的扫把，成功路上的障碍也需要清扫，儿子，你的期望又在哪里呢？我相信，只要你不丢掉它，成功必将到来。

乐观的人在苦难中会看到机会，悲观的人在机会中会看到苦难。儿子，记住我深信不疑的成功公式：梦想+失败+挑战=成功之道。

当然，失败会给人带来很多负面影响，它足以摧毁一个人的斗志、意志力，让一个人萎靡、颓废，重要的是你将失败看作什么。

爱迪生曾经长时间专注于一项发明。对此，一位记者不解地问："爱迪生先生，到目前为止，你已经失败了一万次了，您是怎么想的？"

爱迪生回答说："年轻人，我不得不更正一下你的观点，我并不是失败了一万次，而是发现了一万种行不通的方法。"在发明电灯时，他也尝试了一万四千种方法，尽管这些方法一直行不通，但他没有放弃，而是一直做下去，直到发现了一种可行的方法为止。他证实了大射手与小射手之间的唯一差别：大射手只是一位继续射击的小射手。

儿子，你要明白，一个人，若要宣布精神破产，就会输掉一切。你需要知道，人的事业就如同浪潮，如果你踩到浪头，功名随之而来；而一旦错失，则终其一生都将受困于浅滩，感到悲哀。失败是一种学习经历，你可让它变成墓碑，也可以让它变成踏脚石。没有挑战就没有成

功,不要因为一次失败就停下脚步,战胜自己,你就是最大的胜者!我对你很有信心。

爱你的父亲

第八封信　世界上没有一样东西可取代毅力

亲爱的约翰：

今天是个伟大的日子！

今天，对于全美国人来说都是值得纪念的日子，因为今天是具有伟大而又罕有的灵魂的先驱者——亚伯拉罕·林肯先生诞生的日子。我相信林肯受之无愧。

在我看来，林肯是伟大的，他为我们打造了动人的一段美国历史，他用不屈不挠的意志力与勇气让黑奴获得了解放，赶走了种族仇恨，结束了那段狭隘、罪恶且扭曲的民族历史，使国家免于灭亡的灾难，将合众国真正变成一个融合且自由的国度。

今天是林肯一百周年诞辰，举国上下追思他为合众国所做的一切，这就是对他伟大成就的最好证明。

不过，我们在感念他的伟大功劳时，更应该从他身上汲取一种精神——执着的决心与勇气。我想我们怀念他的最好方法便是如此，让永不言败成为美国人的精神脊柱。

在我心中，林肯永远是不屈不挠的化身，他出生很卑微，他相貌丑陋，言谈举止都不招人喜欢。这些缺点都让敏感的林肯很自卑，最终，他决定靠自己的力量改掉这些缺点。于是，他拼命自修以克服早期的知识贫乏和孤陋寡闻。他学会了借助烛光、水光读书，尽管他的视力大不如前，但头脑的越发丰富让他开始充满了自信，他最终摆脱了自卑。在事业和人生上，他更是步履维艰，他第一次经商就失败了，第二次经商败得更惨，他用了十几年时间才还清了债务。在从政上，第一次竞选州议员就遭失败，并丢掉了工作。幸运的是，他第二次竞选成功了，再接下来，他痛失亲人，又面临了竞选州参议员发言人的失败。然而他依然没有放弃，在经历了六次竞选失败后，他依然力争上游，直至当选美国总统。

每个人都有历尽沧桑和饱受无情打击的时候，却很少有人能像林肯那样百折不回。每次竞选失败过后，林肯都会激励自己："这不过是摔了一跤而已，并不是死了爬不起来了。"这些词汇是克服困难的力量，更是林肯终于享有盛名的利器。

林肯用自己奋斗的一生告诉我们一个道理：除非你放弃，否则你就不会被打垮。

想要功成名就，就必须经历一连串的奋斗。那些伟大的人物，几乎都经历过一连串的失败和打击，他们也曾想过投降，但最终他们坚持了下来，获得了辉煌的成就。如伟大的希腊演说家德莫森，他自小因口吃而自卑害羞，他的父亲死后给他留下一块土地，希望他能过上衣食无忧的生活，但按照当时的希腊法律的规定，要继承这样的遗产，必须要在公开的辩论中获胜。

很不幸，口吃加上害羞使他惨败，结果他无法获得那块土地，但是他没有放弃，而是发奋努力战胜自己，结果他成为了人类有史以来最伟大的演说家，也许他的土地被其他人侵占，但历史却未记住那个人，几个世纪以来，整个欧洲都记得一个伟大的名字——德莫森。

有太多人高估他们所欠缺的，却又低估他们所拥有的，以致丧失了成为胜利者的机会。这是个悲剧。

林肯的一生就是化挫折为胜利的伟大见证。没有人不经历失败就成功，重要的是不要因失败而变成一位懦夫。不过如果我们尽了最大努力却依然失败，那么，我们就要寻找原因、吸取教训，力求在接下来的努力中表现得更好。

当然，我并不是要与林肯总统比较，但我认为要学习他身上的精神，我也痛恨生意败北，但真正令我害怕的是，在日后的生意中，会因害怕而变成一名懦夫。如果真是那样，那我的损失就更大了。

对一般人而言，一旦失败，再继续坚持下去很难，而成功则容易产生继续奋斗的动力，但林肯是个例外，他会踩着一个个挫折前进，进而让自己更上一层楼。因为他有钢铁般的毅力。他有一句话说得好："你无法在天鹅绒上磨利剃刀。"

这个世界上，最为重要的就是毅力，这一点无可取代，怀才不遇者到处都是，一事无成、庸庸碌碌的人更是很普遍，这个世界上到处是学无所用的人。只有毅力和决心无往不利。

在我们一步步朝着更高目标迈进的时候，我们必须记住：每一级阶梯都是为了给我们提供足够的时间，让我们再踏上更高一层，它不是为我们提供休息的。因此，在这一途中遇到失败、打击与灰心，但你要像一名拳击手一样继续战斗，每个人的身体里都蕴含了无限的潜能，除非我们知道它在哪里，并坚持用它，否则毫无价值。

机遇需要我们自己把握，更需要我们努力工作才能得到。俗语说："打铁趁热。"的确不错，努力与毅力不可缺一，在得到"是"的答案前，我们要经历多少个日日夜夜的"否"，破晓前也总是漫长的黑夜，这些并不是大道理，而是真真切切需要我们去历练的。

今天，我们在缅怀、赞美林肯总统时，更重要的是记住他给予我们的精神——要用一生的时间激励自己，这样做了，那么虽然我们顶天立地的一天仍未到来，但我们依然是大赢家。因为我们已经有了知识，也懂得面对人生，那是更大的成功。

爱你的父亲

第九封信　信心的大小决定了成就的大小

亲爱的约翰：

你跟我说，雄才大略的智慧能带来奇迹，我觉得很有道理，但是现实生活中，能创造奇迹的人屈指可数，大部分人都平凡如尘埃，多数人都是泛泛之辈。

耐人寻味的是，人人都想要大有作为。每一个人都想要获得一些最美好的东西。每一个人都不喜欢巴结别人，过着平庸的日子。也没有人喜欢觉得自己是二流人物，或觉得自己是被迫进入这种境况的。

那么，我们内心没有志向和才谋了吗？当然不是，关于这一点，我们在《圣经》之中能找到答案，那就是"坚定不移的信心足可移山"。这个道理人人都懂，但是失败者依然屡见不鲜，这是为什么呢？在我看来，真正相信自己的人很少，结果自然是失败的。

这是一句箴言，但很多人只是将其当成了一个荒谬的想法，根本不可能实现，但在我看来，这些人犯了一个常识性的错误，他们将"信心"与"希望"混为一谈，当然，我们不可能只是用希望就能移动一座高山，不可能用希望就能取得胜利、取得成就，更别说用希望获得财富、名利、地位等。

但是，信心能帮我们达成这些目标。也就是说，只要我们坚信，我们就能做到，也许你会认为我这样说太过主观了，不！信心产生相信"我确实能做到"的态度，相信"我确实能做到"的态度能让我们产生动力、精力，每当我们想到自己一定能做到时，自然而然也就产生了想要去解决问题的动力，成功就诞生在成功解决问题之中。这就是信心产生成果的过程。

我们每个人都有勃勃雄心，都希望能登上最高阶层，并享受成功带给自己的荣耀、财富，但是他们大部分人都不具备必胜的信念，最终他们也不可能达到顶点，因为他们相信自己达不到，也就根本找不到达到的途径，他们也就只能原地踏步。

不过，有一部分人真的坚信自己总有一天能成功，他们抱着"我就要登上巅峰"的信念来进行各项工作，并且凭着坚强的信心达到目标。我以为我就是他们其中的一员。当我曾经还一无所有的时候，我就知道我会成为最富有的人，强烈的自信激励我想出各种可行的计划、方法、手段和技巧，一步步攀上了石油王国的顶峰。

我从不相信失败是成功之母，我相信信心是成功之父。胜利是一种习惯，失败也是一种习惯。如果想成功，就需要得到持续性的胜利，我不喜欢一时的胜利，唯有不断取得胜利，才能成为强者，如此能激发我的动力，助我成功。

信念能带来积极的结果，是所有伟大的事业、书籍、剧本，以及科学新知背后的动力。相信自己会成功，是很多成功人士在取得成就后的共识，然而，失败者往往就是因为丢掉了这些，才一事无成。

第九封信　信心的大小决定了成就的大小

我曾与很多生意上失败的人谈过话，在谈到失败的理由时，他们会提及："老实说，我并不以为它会行得通。""我在开始进行之前就感到不安了。""事实上，我对这件事情的失败并不会太惊奇。"

采取"我只能先试试，结果就顺其自然吧"的态度，那结果一定令你失望，"不信"是消极的暗示，当你心中认为自己做不到或者产生怀疑时，你就会找到各种借口来支持你的"不信"。怀疑、不信、潜意识要失败的倾向，以及不是很想成功，都是失败的主因。心中存疑，就会失败。相信会胜利，就必定成功。

信心的大小决定了成就的大小。庸庸碌碌、过一天算一天的人，怎能有大的成就，他们不相信能做出伟大的事情，他们就真的不能。他们认为自己可有可无、不被认可和重视，他们所做的每一件事都显得无足轻重。久而久之，连他们的言行举止也会表现得唯唯诺诺，如果他们不能将自信抬高，他们就会在自我评估中畏缩，变得愈来愈渺小。而且他们怎么看待自己，也会使别人怎么看待他们，于是这种人在众人的眼光下又会变得更渺小。

那些肯定自我，坚信自己能创造出更大价值的人，往往真的能获得更高的成就。他相信自己能处理更具有挑战性的任务，他也能做到。他做的每件事，他的性格、想法、见解乃至待人接物的方式，都显示出他是专业人士，是一位不可或缺的重要人物。

所谓信心，就是能不断照亮你的路，让你愉快生活、正视生活理想的思想。我就是这样做的，我经常用成功的信念代替失败的、消极的思想，当我面临困境时，想到的是"我一定会赢"，而不是"我可能会输"。与人竞争，我告诉自己"我跟他们一样好"，而不是"我不如他们"。机会出现时，我想到的是"我能做到"，而不是"我不能做到"。

任何人，想要成功，第一步就是建立自信，要相信自己一定能够成功。"我会成功"是支配我们取得伟大成就的关键性支配因素，成功的信念会激发我们的心智创造出获得成功的计划。失败的意念正好相反，它使我们去想一些会导致失败的念头。

我会时常在心里告诉自己：你比想象中更好，成功的人之所以能成功，并不是因为他们具有超人的能力和智慧，不是看运气，也没有什么神秘之处。成功的人也只是平凡人，只是他们相信自己、肯定自己，他们绝不会廉价出售自己。

每个人获得的都是思想的产物，如果看准的是小目标，那么，可预期的结果就是小的，想着伟大的目标，就会获取巨大的成功。而它让你想象不到的是，那些大的想法、计划与创意实际上比小计划与创意来得更容易，或者至少不会更困难。

那些在各大领域，比如商业、演戏、写作等获得巨大成就的人，都是因为他们脚踏实地地坚持自己的发展计划，这一计划的实现为他们带来了很多报酬，比如家人的尊敬、同事的赞赏、名声、经济效益等。

生命的最终目标本就是成功——成就。信念需要你用一生的时间去呵护与思考，任何时候，都不能放弃信念。

爱你的父亲

第十封信　可以欺骗敌人，但决不欺骗自己

亲爱的约翰：

最近心情有没有好一点？如果你还说心情低落，那么，我想你有必要明白一些道理。

你需要知道，在这个世界上，包括你我在内，大部分人的行为和思想都在被某种力量掌控和驱使，这种力量可以使人们轻松卸下各种各样的外衣，让人性接受最真实审判，此时，无论你怎么辩护都无济于事，也无论你具有怎样出色的口才，它就是检验我们人性的试金石：利益。

换句话说，利益是检验人性的最真实影子，且一览无余。也许你认为我的话有些绝对，但我的经历就是这样告诉我的。

我不是人类历史学家，也不知道到底该用怎样的评价标准去判断人性的高尚与丑恶，但我的经历告诉我一点：利益似乎具有某种魔力，它能将那些原本能安稳度日的人拉在一起，也能让原本相安无事的国家、种族之间兵戎相见，在那些骗局、陷阱、污蔑乃至残酷的血腥斗争中，我们也能随时发现利益的影子。在这个意义上，我们很多人都是利益的奴隶，而不是所谓的心灵的主人。

没有谁可以撇开利益去行动，自从我们与人打交道的那一刻开始，

人与人之间一场旷日持久的利益角逐就停不下来了。这个世界上，大概只有神不追逐利益，在人际之间的利益游戏中，包括你自己在内，人人都是你的敌人，因为你需要对抗自己的不足和弱点，并与自己的那些恶行而战。当我认清这些后，我告诉自己：我可以欺骗敌人，但决不欺骗自己。这样，当我回击敌人对我的伤害时，我就不至于良心不安了。

儿子，我不是要告诉你这个世界的丑恶，也不是说它是令人压抑的，我也更渴望信任、真诚、善良、友谊，我向往美好的情感，它能滋润人的心灵，我也相信它们一定存在。然而，很遗憾，在为名利争斗的商场，这些美好的情感几乎不存在，我经常会遭受他人的出卖和伤害，直到今天，我还能清晰地记得数次被骗的经历，那才叫刻骨铭心呢。

最令我痛心的一次被骗发生在科利佛兰。

在科利佛兰，那时候，很多商人都挤进石油行业，导致了炼油业生产过剩，这一行业几乎无利可图，那些炼油商也几乎到了破产的边缘。另外，科利佛兰这座城市远离油田，相对于那些工厂在油田的炼油商来说，这个城市的炼油行业毫无优势。对此，我决心站出来，将科利佛兰的炼油工厂集中起来，形成合力，这样才能抵御竞争，然而，那时候的我太年轻了。在我买下那些毫无价值的废旧工厂后，这些商人却见利忘义，甚至与我为敌，将自己变卖废铁得来的钱重新购置机器，重操旧业，甚至公开敲诈我。

那个时候的我心痛极了，我后悔自己太过相信别人。而最令我难过的是，在以利益为中心的商业社会中，没有永远的朋友，今天还在一起喝酒的朋友，明天就可能因为一点利益争端而成为敌人。我的两位教友就曾多次欺骗我，我震惊了，我不明白与我一同祷告、虔诚地发誓要摈弃骄傲、纵欲和贪婪之心的人，何以如此卑鄙！

在经历了种种欺骗与谎言后，我得出一个结论：不要太相信任何人，只有相信自己，才不会被蒙骗。这个世界有太多太多的欺骗，提防是我们不可或缺的生存技能。

跟混蛋打交道，你会变得智慧，因为那些混蛋能教会我很多东西，就像现在，如果谁还想从我这里骗走一毛钱，大概难如登天，那些混蛋教会了我一套与人打交道的准则，我想这套法则对你会有所帮助：只有在确保对我没有害处的情况下，我才会表露自己的真实想法；我可以让对手教导我，但我不会教导他，无论我在这一方面多么专业；凡事三思，不管外界给我多大的压力，我绝不会在考虑不周的情况下就行动；我有自己的真理，只对自己负责；要求我以诚相待的人，是想在我这里捞到好处。

我知道，欺骗不可能永远赢得胜利，问题也无法得到真正的解决，但是也必须承认，利益游戏无时无刻不在商海中上演，我必须要随时保持警惕，要知道，因为利益的存在，人人都是敌人，任何行为的动机基础是保护自己，且要有随时为自己利益而战的准备。

儿子，命运给予我们的不是失望之酒，而是机会之杯，振作起来！发生在华尔街的那件事，其实不过是你轻信了别人，并无大碍，不过，你不可在同一地方摔倒两次。

爱你的父亲

第十一封信　有时，贪心也是一种抱负

亲爱的约翰：

说你的父亲贪心的人，你完全不必理会。

很多年了，我一直在被人们这样谈论——贪心，我可以认为这是一份"颂扬"，起初人们这样评价我，是在我的事业蒸蒸日上的时候，那时候，洛克菲勒这个名字已经不再代表我这个人，而是财富的象征——一个庞大的商业帝国的象征。

我记得当时有很多人、很多报纸也都用同样的词汇"颂扬"我，但并没有影响我的情绪，并没有让我的心跳加快，尽管我知道这样的"颂扬"无非是要诋毁我，无非是要使我一手创建的洛克菲勒商业帝国蒙羞罢了。

其实我明白，这一切不过是人性中的一种力量的显现——嫉妒。能力与差距的悬殊，让他们产生了这样的情绪，当你在某些方面遥遥领先于他人的时候，他们就会嫉恨你，就会用粗俗的言语、无端的指责来评价你，甚至不惜编造谎言来诋毁你，同时在你面前还要表现得非常高傲，不过我认为，这反而证明了他们的无能，有意思的是，当你远不如他们，生活困顿时，他们又会跳出来第一个讥笑你，讥笑你无能、愚

蠢，甚至会把你贬低得没有任何做人的尊严。我的儿子，这就是人之本性！

我没有改变人类本性的职责，我也没用时间和精力阻止别人谩骂和评价我——说我贪心，我唯一能做的就是什么也不做、让他们继续嫉妒我！尽管我知道，如果我散尽家财、将财富都送给那些人，也许他们能闭嘴，但是我不会那样做！我相信，除非中了什么魔法，任何人都不能！

智者从不与无知者争辩。我当然不会同那些"恭维"我贪心的人论战，但我从不回避蔑视他们无知的情绪，回望人类历史，社会的变迁、更迭无不是建立在贪心的基础上。那些要诋毁我的人，看似是在守护道德，但其实他们谁不想坐拥我的财富，不想掌控我所拥有的东西？虚伪的人可能会说不想。

可以说，不存在不贪心的人，如果你得到一颗橄榄，你就会想拥有一整棵的橄榄树。我在人世摸爬滚打八十年，确实看到过不会吃牛排的人，但确实没有见过不贪心的人，尤其是在利益至上的商海，无论是财富、功利还是拜金的背后，都印着一个单词，那就是贪心。我相信，在未来，在地球上，不贪心的人依然是屈指可数，因为没有人会停止对美好事物的追求。

阿奇博尔德先生曾说："洛克菲勒是能够闻到终点线味道的赛马。"言下之意是一开始我就在冲刺，我知道这句话难免有点奉承我的意味，但我要承认，确实一开始我就在心里为贪心留了一席之地。

我曾经在商业学校就读过一段时间,我的老师告诉我一段话:"贪心没有什么不好,我认为贪心是件好事,人人都可以贪心。从贪心开始,才会有希望!"就是这样一段话改变了我的命运,也让我铭记一生。

当老师在台上说出这一番话时,台下的学生一片哗然,因为这与他们一直以来的认知大相径庭,它与传统道德观念相违背。传统道德观融于宗教、社会、伦理、政治和法律等各个层面,它所具有的标尺般的作用,无疑要给"贪心"这个字眼打上肮脏的烙印。

后来,我步入社会,开始在商海中打拼,我才发现,老师的那段话太受用了,我的学费没白交,这就如同我们很早就知道的关于进化的道理一样,我们生存的自然界绝不是仁慈和无私的,而是弱肉强食的,如果你不贪心,就很可能被吞噬掉,毕竟可口的甜点不是很多。

如果你想要创造财富,创造非凡的人生,那么贪心就更有必要了,而不是简单的"贪心是件好事"!

贪心背后的含义是,就是我要,我要的更多,我要独占!谁的内心没有这样的声音?从政者会说,我要把控权力,我要由州长再做总统。经商者会说,我要赚到财富,我要成为最富有的人。为人父母者会说,我希望我的孩子衣食无忧、成绩斐然。诸如此类,不一而足。只是基于传统道德的束缚,人们是不会将自己的贪心摆到桌面上谈论的,贪心也就成了人们禁忌的观念。

事实上,只要追逐利益的世界一直存在,只要幸福不会像呼吸空气一样自然而然、唾手可得,那么,人类就不可能停止贪心。

第十一封信 有时，贪心也是一种抱负

那些爱扒粪的人，总把贪心看成洪水猛兽，但在我看来，一旦认识到贪心的正面意义，就等于打开了潘多拉盒子，将贪心真正演绎出正面的、积极的价值，我们生命的潜能也就释放出来了。我从曾经周薪只有五美元的簿记员成长为世界巨富，成功地造就了美国历史上一个独特的时代，被誉为"窥见上帝秘密的人"。我的名字经常被人们提及，洛克菲勒这个名字所带来的影响力也涉及美国乃至世界的政治、经济、文化等各个方面。

也许你认为，将"贪心"换成"抱负"一词似乎更合理，不，我认为承认贪心本就是一种淳朴的品质，淳朴在这个社会是比真诚更难能可贵的品质。

在与山姆·安德鲁斯先生合办石油公司之初，我就是一个贪心的商人，每天夜里，当我入睡前，我都会告诉自己：我要成为科利佛兰最大的炼油商，我要赚足一捆捆的钞票，我要成为石油大王。在最初的那段日子里，我凡事亲力亲为，每天辛苦劳作，我亲自去油田指挥如何炼油，我整日思考如何节约成本、如何扩大市场份额。那段忍饥挨饿、日日劳作和奔波的日子，是我一生的财富。

我的儿子，每个人都是自己命运的设计者和开创者，真心想要得到的东西一定要尽自己最大的努力，成功与失败的间距，和人们想象的仅仅是一念之差，同时还要有强烈的贪心，谁具有这种力量，谁就能激发出自己全部的力量，尽力而为，超越自己。我每一个前进的步伐都能让我感受到贪心的力量！贪心不仅能让一个人全力以赴，也逼迫他献出一

切，排除所有障碍，全速前进。

我曾经常被问这样一个问题："洛克菲勒先生，是什么支持你走上了财富之巅？"我不能表露真实心声，因为在传统道德层面，因为贪心为人们所不齿。然而，事实是支撑我成为一代巨富的支架，就是我唤起了我的贪心，更膨胀了我的贪心。

每个人内心的贪心都是活跃的，但我们必须热爱它，告诉自己要贪心，要争取，它才会为你所用，助你成功。

没有任何力量，能让我不再在商业上贪心，因为我喜欢成功，在贪心的驱使下，我能获得成功，这并不罪恶，反而是一种高尚，如果能以高尚的行为去获得成功，对人类的贡献会远比贫困时所能做的更多，我做到了！

我的慈善事业你是知道的，我们将巨额资金投向了教育、医疗、教会和那些穷困的人，这不是一时兴起，是一直在做的伟大事业，这是我的成功带来的。看来贪心很不错，而不是罪恶。

就此而言，假如那些说我贪心的人的动机不是诋毁我，那么，我愿意接受那样的评判。

约翰，我是自己生命的重心，我决定什么适合我，所以我不在乎那些人说什么，我很淡定，可能有些人认为，我一直是一个动机卑鄙的商人，即使我大量投资于慈善事业，也改变不了他们的目光，投资于惠泽民众的慈善事业，也会被他们视为一种诡计，怀疑我有追逐私利的动机，而丝毫看不到我无私的公益精神，更有甚者说我如此乐善好施是为什么赎罪，这真是滑稽。

另外，我要告诉你的是，你的父亲永远不会让你感到羞愧，我赚的每一分钱都是合法的、干净的，我能成为首屈一指的富翁，靠的是我的事业心与卓越的才能、智慧，我坚信上帝是公平的，我的钱是上帝赐予的。而我之所以能一直财源滚滚，如有天助，因为上帝知道我也会将赚到的财富反馈给社会。

时间到了，我要去读《圣经》了。看看外面的夜色，真美，一颗颗明亮的星星似乎也在赞美我的儿子："干得好！约翰。"

爱你的父亲

第十二封信　别为追求胜利而不择手段

亲爱的约翰：

看着对手或者是潜在对手的力量在一步步增强，都是对自己的威胁，甚至会让自己的地位彻底倾覆，我可没那么愚蠢。

我的信念是抢在别人之前达到目的。

在我进军石油界的第三年，炼油商们又在宾州布拉德福德发现了一个新油田，于是，负责标准石油公司输油管业务的丹尼尔·奥戴先生便迅速带领他的团队扑向那个财富之地。

开采石油的那些人已经疯狂了，他们不分昼夜地开采，希望可以带着大把大把的钞票从此地离开。也就是说，奥戴先生的管道和工人根本不够用。

此时，我站出来，对奥戴先生提出了建议，希望他能警告那些采油商，因为他们的开采量和开采速度已经远远超过了他们的运输能力，只有减慢开采速度，才不会导致这些黑金变成一文不值的粪土。然而，无论我怎么苦口婆心地劝说，傲慢和争强好胜的奥戴就是不为所动。

就在此时，我的竞争对手波茨动手了，他先在几个重要的炼油基地收购我的炼油厂，接着，他又开始在布拉德福德抢占地盘，铺设输油管道，要将布拉德福德的原油运到自己的炼油厂。

我意识到自己再不出手就晚了，于是，这一天，我来到宾州铁路公司大老板斯科特先生的家里，并直言不讳地把事情的利害告诉了他，但这位斯科特先生也是个固执的家伙，他对波茨的行为置之不理。无奈，我决定亲手向自己的这个敌人宣战。

我先是解除了与宾州铁路的所有业务往来，而将自己的运输业务转给了另外两家支持我的铁路公司，在削弱他们力量的同时，我指示所有与帝国公司竞争的炼油厂，以远远低于对方的价格出售成品油。

在这样的措施下，斯科特不得不臣服，尽管他很不情愿。

我的措施自然会引发对方的反击，为了打击我，他们把业务转手给我的竞争对手，并且他们还倒贴给对方很多钱，无奈，他们只好裁员、削减工资，这引发的是工人们的极大不满，最终，这些愤怒的工人们一把火烧了几百辆油罐车和一百多辆机车，逼得他们只得向华尔街银行家们紧急贷款。

就这样，这一年，他们不但没有挣钱，反倒损失惨重。

我的竞争对手波茨先生是个很有魄力的军人，他不愿意妥协，但是，他也是个识时务的人，最终，他决定不再与我决斗，而选择了讲和，停止了炼油业务。几年后，他还成了我下属一个公司积极勤奋的董事。这个精明又滑得像油一样的油商！

傲慢通常会让人垮台。斯科特和波茨之流自以为出身高贵，一直目空一切，所以成功驯服这些傲慢的犟驴，我的心都在跳舞。

约翰，我喜欢胜利，坐视对手，哪怕是潜在的对手的实力增强，都是在削弱自己的力量，甚至会颠覆自己的地位。我的信念是抢在别人之前达到目的。我们任何人都喜欢胜利，但决不能为了获得胜利而不择手段，不计代价获得的胜利不是胜利，丑恶的竞争手段让人厌恶，那等于是画地为牢，可能永远无法超越，即使赢得一场胜利，也可能失去以后再获胜的机会。

而按规矩去做不表示必须降低追求胜利的决心，却表示用光明正大的方法去追求胜利，也表示在这种限制下，以公平的手段竞争，我希望你也能做到这一点。全力、公平、无情地追求胜利。

爱你的父亲

第十三封信　必须创造使生命有点尊严的东西

亲爱的约翰：

我曾遭受过一次记者的指责，原因是他们认为我捐款不够。对此，我的态度是，我已经习惯了他们的无知与苛刻。我回应他们的方式只有一个：保持沉默、不加辩解，而无论他们如何口诛笔伐。因为我清楚自己的想法，我坚信自己站在正确的一方。

每个人都需要走自己的路，最重要的是这条路走得坦坦荡荡，下面我要说的故事或许能解释，对于那些要求我出钱解决他们经济问题的人，我多半置之不理，事实上，我认为他们给出的理由让我很紧张。这个故事是这样说的：

曾经有一个养殖村，这个村子里的村民基本上都以养猪为生。

一次，村里的猪圈被邻村的人破坏了，几头猪跑了出去。这些猪经过"放养"以后，变得很凶悍，人们很难捕捉到它们。

一天，村里的一个老者说自己要把这些猪都捕捉回来，人们都嘲笑他，因为即使村里那些猎手，也很难做到。然而，老人却做到了。

老人是这样做到的：他首先找到这些猪经常出没的地方，然后在空地上放少许谷粒当诱饵。刚开始，这些猪还有点聪明，都不靠近这些谷粒，但几天之后，它们发现这些空地是安全的，便把那些谷粒都偷吃了。随后，老人又在空地多放了些诱饵，只是几尺远的地方竖起一块木板。这些猪一看到木板，就"撤退"了。但面对那些诱人的谷粒，它们还是经受不住诱惑，于是，它们又回来了。此后，老人每天都会在谷粒旁边多加几块木板，看到这些木板，这些猪还是会远离一阵子，但最后都会再来"白吃午餐"。最终，围栏也做好了，陷阱的门也准备好了。最终，这些猪因为不劳而获而被老人重新捕捉到围栏里。

我讲这个故事，目的是要告诉你这样一个道理：一只动物要靠人类供给食物时，它的智慧就会被取走，接着它就麻烦了。

人类同样也是如此，如果你经常给一个人免费的午餐，那么，他就会养成不劳而获的习惯。在我看来，对他人金钱的资助是一种错误的帮助，这会让一个人失去勤奋工作的动力，使他变得不思进取，而更为重要的是，这是一种施舍，是一种对他人尊严的否定，这样一来你就抢走了他的命运，这在我看来是极不道德的。作为富人，我有责任成为造福于人类的使者，却不能成为制造懒汉的始作俑者。

是的，我一直鼓励你要帮助别人，但是就像我经常告诉你的那样，如果你给一个人一条鱼，你只能供养他一天，但是你教他捕鱼的本领，就等于供养他一生。这个关于捕鱼的老话很有意义。

任何一个人一旦养成习惯，不管是好或坏，这个习惯就一直占有了他。白吃午餐的习惯不会使一个人步向坦途，只能使他失去赢的机会。而勤奋工作却是唯一可靠的出路，工作是我们享受成功所付的代价，财富与幸福要靠努力工作才能得到。

在很久很久以前，有一位国王，他是一位智者，他想编写一本智慧录，以此造福后人。一天，国王将一群堪称最为聪明的大臣召集起来，说："智慧是人的核心，所以我希望各位能编写一本各个时代的智慧录，去为后世子孙照亮前程。"

这些聪明人离开后就着手这件事，他们花了很长一段时间编撰这本书，这本书足足有十二卷之多，完成后，他们来面见国王："陛下，这是各个时代的智慧录。"

老国王看了看，说："各位先生，这本书确实是智慧之作，但是，它太厚了，我担心人们读它会不得要领。把它浓缩一下吧！"

这些聪明人又回去努力删减了，几次浓缩后完成了一卷书。但是，老国王还是认为太长了，又命令他们再次浓缩。

这些聪明人集合起每个人的智慧，将一本书一次又一次地删减与浓缩，将其从一章减为一页，再变为一段，最后则变成一句话。聪明的老国王看到这句话时很满意。

"各位先生，这真是这个时代的智慧结晶，而且通俗易懂，我们大部分人一看就能明白。"这句话就是："天下没有白吃的午餐。"

智慧之书的第一章，也是最后一章，是天下没有白吃的午餐。如果人们想要出人头地，要以努力工作为代价。这样大部分人就会有所成就，同时也将使这个世界变得更美好。而白吃午餐的人，迟早会连本带利付出代价。

一个人活着，必须在自身与外界创造足以使生命和死亡有点尊严的东西。

爱你的父亲

第十四封信　装傻是一门学问

亲爱的约翰：

　　明天，我将要回老家科利佛兰处理一些家族的事情。所以，在我不在的这段时间，我希望你能替我打理一些事情。当然，你可能会遇到一些拿不定主意的事情，那么，你不妨向盖兹先生请教和咨询。他是我最得力的助手，一直以来，他的忠诚和工作能力都是不用质疑的，我非常信任他，我相信他能给你一些意见，当然，你必须要尊重他。

　　约翰，我知道你是布朗大学的优秀毕业生，你的知识储备是丰富的，尤其是经济学与社会学。但你要明白的是，一个人，学的书本知识再多，都是空的，只有把这些知识运用到社会实践中，它才是鲜活的，否则什么事都不会发生。而且，教科书上知识，是难以解决实际问题的。我希望你能去除对知识、学问的依赖心理，这是你走上人生坦途的关键。

　　学问必须加以活用，才能发挥作用，要成为能够活用学问的人，你必须首先成为具有实行能力的人。

　　那么实行能力从哪里来呢？在我看来它就潜藏在吃苦之中。我的经验告诉我，吃点苦、经历一些艰辛和失败，不仅会铸就我们坚强的性

格，我们赖以成就大事的实行能力也将应运而生。经历过苦难的人，有努力改变现状的决心，知道如何在困境中寻找解决的方法，让自己得救。处心积虑地去吃苦，是我笃信的成功信条之一。

也许你会讥讽我，认为没有比想苦吃再傻的了。不！没有不幸体验的人，反而不幸。很多事情都是来得快去得也快，那些实现了一夜成名、一夜暴富梦想的人们，有谁不是很快就销声匿迹。人要有远见，只有长时间的吃苦，才有长时间的收获。

我相信你已经发现了，自你到我身边工作以来，我并没有给予你重担去挑。但这并不表明我怀疑你的能力，我只是希望你善于做小事而已。

做好小事是做成大事的基石，如果你从一开始就高高在上，就无法体贴部属的心情，也就不能真正地活用别人。在这个世界上要活下去、要创造成就，你必须借助于人力，即别人的力量，但你必须从做小事开始，才会了解当部属的心情，等你有一天走上更高的职位，你就知道如何让他们贡献出全部的工作热情了。

儿子，世界上只有两种人头脑聪明：一种是善用自己的智慧，比如学者、演员、艺术家等。还有一种是善用他人的智慧，比如经营者、领导者。很明显，第二类人要比第一类人需要多掌握一种技能——抓住人心的能力。但很多领导者都是聪明的傻瓜，他们以为要抓住人心，就是指挥他人，这非但不能得到领导力，反而会降低很多。要知道，每个人对自己受到轻视都非常敏感，被看矮一截会丧失干劲。这样的领导者只会使部属无能化。

第十四封信 装傻是一门学问

一头猪好好被夸奖一番，它就能爬到树上去。善于驱使别人的经营者、领导者或大有作为的人，一向宽宏大量，他们懂得高看别人和赞美他人的艺术。这意味着他们要有感情的付出。而付出深厚感情的领导者最终必将赢得胜利，并获得部属更多敬重。

知识不足难免无用，但有的人虽然坐拥知识，却只是知识的奴隶，每个人都需要知道，一切的知识都会转化为先入为主的观念，结果是形成一边倒的保守心理，认为"我懂""我了解""社会本来就是这样"。认为自己"懂"，就不会有汲取新知识的欲望，就丧失了前进的动力，等待他的也只剩下百无聊赖了。这就是因为不懂才会成功的道理。

但是，人都是追求面子和荣誉感的，从这一点出发，如果承认自己不懂，将是一件难以启齿的事，好像向别人请教，表示自己不懂，是见不得人的事，甚至把无知当罪恶。其实，这是自作聪明，这种人永远都不会理解那句伟大的格言——每承认一次自己的无知，都会成为我们人生的转折点。

自作聪明的人是傻瓜，懂得装傻的人才是真聪明。如果把聪明视为可以捞到好处的标准，那我显然不是一个傻瓜。

那时候，我正在为钱发愁，我急需一万五千美元。这天，我走在大街上，还在思考怎么借到钱，此时，一个银行家拦住了我的去路，然后对我说"你想不想借五万美元，洛克菲勒先生？"我怎么这么走运？我这么想，我简直不敢相信自己的耳朵，但我并没有表现出十分高兴的心情，而是冷静地看着对方，然后慢条斯理地说："是这样……你能给我二十四小时考虑一下吗？"结果，我以最有利于我的条件与他达成了借款合同。

那时我可以直言不讳地说，装傻给我带来了很多的好处。在我看来，装傻的定义是，摆低姿态，变得谦虚，换句话说，就是瞒住你的聪明。越是聪明的人越有装傻的必要，因为就像那句格言所说的——越是成熟的稻子，越是垂下稻穗。

儿子，有了爱好，然后才能做到轻巧。现在，就开始热爱装傻吧！

我现在就能料想得到，在我不在家的这段日子，你能很好地独当一面，当然，这确实有很大的难度，我给你的忠告是"让我等等再说"，这是我在经商中告诫自己的一句话，因为我做事向来奉行一个准则：决定之前，我总会冷静地思考、判断，不过一旦我下定主意了，就将义无反顾地执行到底。我相信你也能行。

爱你的父亲

第十五封信　勤奋是为了自己，不是为了别人

亲爱的约翰：

收到你的来信，我很高兴，令我更欣慰的是，你在信中提到的两句话，一句是"你要不是赢家你就是在自暴自弃"，另一句是"勤奋出贵族"。这两句话可以说是人生的信条和准则，再自豪点说，这就是我人生几十年的写照。

确实存在很多动机不纯的报纸，在谈到我的财富积累这一件事时，会将我比喻成一件毫无感情的赚钱机器。他们如此评价，是因为对我不了解，就像他们不了解历史一样。

你知道，我们是外来移民，要站稳脚跟，我们必须加倍努力且满怀希望，当我还是一个孩子时，我的母亲就告诉我，要节俭、自立、勤奋、守信，这些精神都成为后来我创业成功的精髓，我真诚地笃信这些美德，这些也是我经商和做人的信条。直到今天，我依然奉行这些信条，而所有的这一切结成了我向上攀爬的阶梯，让我一步步登上财富的顶峰。

美国南北战争期间，有很多人和我一样投入到挖掘财富宝藏的大潮中，最后，我成功了，很多人失败了。机会都是平等的，那么为什么会

产生不同的而结果呢？为什么我能抓住机会成为巨富，而很多人却与机会擦肩而过、不得不与贫困为伍呢？难道真的像诋毁我的人所说，是因为我贪得无厌吗？

不！是勤奋！机会只留给勤奋的人！自我年少时，我就笃信一条成功法则：财富是意外之物，是勤奋工作的副产品。每个目标的达成都来自勤奋的思考与勤奋的行动，实现财富梦想也依然如此。

我极为推崇"勤奋出贵族"这句话，它是让我永生敬意的箴言。无论是过去还是现在，无论是在我们立足的北美还是在遥远的东方，那些享有地位、尊严、荣耀和财富的贵族，都有一颗永不停息的心，都有一双坚强有力的臂膀，在他们身上都有顽强意志的光芒。而正是这样的品质，让他们成就了事业，赢得了尊敬，成为了顶天立地的人物。

约翰，当今世界变化莫测，哪有什么永远的贵族或者永远的贫穷者，就像你所知道的那样，我还是个孩子时一贫如洗，穿着破烂，甚至要靠心地善良的人来接济我，但再看看我的今天，我已经拥有一个庞大的财富帝国，我可以用自己的财富创办伟大的财富事业，世事变幻、沧海桑田，那些贫穷的人凭借自己的努力、执着和智慧，同样能功成名就、出人头地，成为一个新贵族。

尊贵、荣誉都要靠自己的双手去争取，这样的尊贵和荣誉才能长久。然而，我们不难发现，在我们生活的这个社会，却有很多富家子弟，他们生活骄奢淫逸、好逸恶劳、挥霍无度，以致虽在富裕的环境中长大，却不免在贫困中死去。

第十五封信 勤奋是为了自己，不是为了别人

所以，你要告诉你的孩子，要想在与人生风浪的搏击中完善自己，成就自己，享受成功的喜悦，赢得社会的尊敬，高歌人生，只能凭自己的双手去创造；要让他们知道，荣誉的桂冠只会戴在那些勇于探索者的头上；告诉他们，勤奋是为了自己，不是为了别人，他们是勤奋的最大受益者。

我自孩提时代就坚信，没有付出就没有收获。作为贫民之子，除去靠勤奋获得成功、赢得财富与尊严，别无他法。上学时，我并不聪明，但我却不愿意认输，所以只能加倍努力与勤奋，并能持之以恒。在我十岁时我就知道要尽我所能地多干活，砍柴、挤奶、打水、耕种，我什么都干，而且从不惜力。正是农村艰苦而辛劳的岁月，打磨了我的意志力，让我能承受日后创业中的艰难困苦，也让我变得更为坚强、坚韧。

我知道，后来每当我身陷逆境却总能泰然处之，还有成功，在很大程度上都得益于我自小建立的自信心。

人的良好品质多出自勤奋，人的能力也是来自勤奋，勤奋能修炼人的品质，更能培养人的能力。在休伊特–塔特尔公司工作时，我就因为勤奋和努力而被称为最年轻且最出众的簿记员。在那段日子里，我是披星戴月、夜以继日地工作，我的老板对我说，你一定会成功，以你这非凡的毅力。尽管那时候我还不知道将来怎样，但有一点我相信，只要我用心去干一件事，我决不会失败。

今天，我已经年近七十，但我依然搏杀于商海之中，因为我知道，结束生命最快捷的方式就是什么也不做。人人都有权力选择把退休当作

开始或结束。那种无所事事的生活态度会使人中毒。我始终将退休视为再次出发，我一天也没有停止过奋斗，因为我知道生命的真谛。

约翰，我能成为富翁，只不过是因为我付出了比他人更多的努力罢了。我原本就是个平常得不能再平常的人，我没有背景，没有雄厚的资金，但我以顽强的毅力、坚定的信念，孜孜以求，终于功成名就。

我的名誉不是虚名，是血汗浇铸的王冠，些许浅薄的嫉恨和无知，都是对我的不公平。

我获得的财富是对勤奋的回报，因此，我们要坚定信念，认准目标，凭着对上帝意志的信心，继续努力吧，我的儿子。

爱你的父亲

第十六封信　借口是失败的根源

亲爱的约翰：

这次，斯科菲尔德船长又输了，结束后，他很恼火，一气之下便将他那根漂亮的高尔夫球杆扔上了天，以后再打球，他就需要一根新球杆了。

他好胜的性格，我比较欣赏，本来胜利就是我们奋斗的目标。基于此，我准备买个球杆给他，不过，这可不是为了奖励他发脾气，要是这样，每次他输了就发脾气，我可就遭殃了。

我欣赏他，还因为他身上有个闪光点，尽管输了球，他会生气，但他可不认为赢本身代表一切，而努力去赢的做法才是最重要的。所以在输球之后，他从不找借口，实际上，他可以找的借口有很多，比如年纪大、身体不适等，这样，能挽回自己的颜面，但是他并没有。

我认为，喜欢找借口是一种思想病，而谁有这种病，谁就是失败者。当然，一般人也有这样轻微的症状，但是，一个人越是成功，越不会找借口。但凡在诸多方面成功的人，与那些一事无成者相比，最大的区别就是他们是否找借口。

其实，只要你稍微留意，你就会发现，那些没有任何作为，也不曾

计划改变处境的人，总是能找到一大堆的借口来解释：为什么他没有做到，为什么他不做，为什么他不能做，为什么他不是那样的。失败者在失败后的第一个举动就是为自己的失败找出各种理由。

我鄙视那些善于找借口的人，因为只有懦弱者才那样做，不过我也同情他们，因为借口是制造失败的病源。

一旦一个失败者为自己的失败找到了一个合适的借口，他就会像抓住救命稻草一样，然后以此为自己的行为解释：为什么他无法再做下去，为什么他无法成功。

一开始，他可能认识到自己也是在找借口，是为自己的行为开脱，但在不断地重复和强化后，他自己也会相信自己说得是真的，相信这个借口就是他无法成功的真正原因，结果他的大脑就开始懈怠、思维局限于假话，让自己再继续奋斗的动力化为零，但即便如此，他们也不愿意承认自己是个爱找借口的人。

我经常会听到有人谈自己的成功"我是靠自己的努力而成功的"。但与之相对的，到目前为止，我没有听到有人站起来告诉别人："我是使自己失败的人。"因为没有哪个失败者，能直面自己的问题，他们一般都有一套失败者的借口，他们将失败归咎于家庭、身体、性格、年龄、环境等方面，而经常被提及的莫过于健康、才智以及运气。最常见的借口，就是健康的借口，一句"我的身体不好"或"我有这样那样的病痛"，就成了自己无法成功的理由，但事实上，百分之百健康的人不存在。

不少人会盲从于这一借口，但一心想要成功的人，则不然。

盖茨先生曾为我引荐过一位大学教授，在一次旅行中，这位教授不幸发生意外，他不得不截掉一条手臂，然而，即使面对这样的痛苦，他还是经常微笑着，像个健康的人一样。那天，谈到他的残障问题，他笑着说："那只是一条手臂而已，当然，两个总比一个好。但是切除的只是我的手臂，我的心灵还是百分之百的完整而正常。我实在是要为此感恩。"

有一句老话说得好："我一直在为自己的破鞋子懊恼，直到我遇见一位没有脚的人。"庆幸自己的健康比抱怨哪里不舒服要好得多。为自己拥有的健康感谢，能有效地预防各种病痛与疾病。

我经常提醒自己：累坏自己总比放着朽坏要好。生命是要我们来享受的，如果浪费光阴去担忧自己的健康而真的想出病来，那才是真正的不幸。

还有一种借口——"我不够聪明"，大概有超过一半的人会找这样的借口，不过人们不会随意找这种借口，多半在内心深处这样认为。在这一方面，我发现，普遍存在两种错误的态度，要么是太低估自己的脑力，要么是太高估别人的脑力。因为这些错误，许多人轻视自己。他们不敢直面挑战，因为这考验自己的大脑。可见，认为自己愚蠢的人才是真的愚蠢，他们忽略的一点是，假如一个人能抛开才智问题去尝试，就能够做得很好。

在我看来，真正值得赞赏的，不是你多么聪明，而是你如何使用你已经拥有的聪明才智。要成为一个好的商人，不需要有超强的智慧，不需要过目不忘的记忆力，更不要在学校永远第一的学习成绩，唯一的关键，就是对经商要有强烈的兴趣和热心。兴趣和热心是决定成败的重要因素。

你的热心程度如何，决定了事情的结果，热心能使事情变好一百倍一千倍。不过很多人却并不知道这一点，所谓热心，就是要拥有"这是很了不起的！"的热情和干劲。

我一直坚信一点，那些才智一般的人，如果有积极正面的态度、善于与人合作，那么，他们的成绩远比那些才智超群却消极悲观的人要好，也会赚得更多的金钱，赢得更多的尊敬，并获得更大的成功。一个人，无论是处理小事，还是面临艰巨的任务或者是重要的计划，只要他执着热忱地去完成，成果会远胜于聪颖但是懒散的人。因为，专注与执着占了一个人百分之九十五的能力。

一些人常发出这样的疑问：为什么很多非常出色的人物会失败呢？我可以给他们答案：假如一个绝顶聪明的人总在用他们出色的脑力，去佐证事情为何无法成功，而不是引导自己的心力去寻找迈向成功的各种方法，那结局只能是失败的，一旦被消极的思想占据大脑，他们的行为就会受到束缚，最后也会一事无成。如果他们能改变心态，相信他们会做出许多伟大的事情。

空有一腔抱负想成大事却不懂得思考，只能把事情搞砸。

如何引导我们发挥智慧的思考方式，其实比才智本身更能影响我们

第十六封信 借口是失败的根源

的命运，即使是高学历者也不能打破这一法则，业绩的好坏与天生的才智之间绝不是直接联系的，而在于如何管理自己的思想，那些在经商上很成功的人，他们从不杞人忧天，而是富有热忱。天赋的素质想要改善很难。不过容易的是改善运用天赋的方法。

知识就是力量，这是人们常常挂在嘴边的一句话，在我看来这句话只说对了一半。那些认为智慧不足的人，也是曲解了这句话的含义。知识只是一种潜在的力量，只有在被应用出来的时候，才会彰显它的威力。

在标准石油公司，从不会出现那些自诩聪慧过人的人，因为我不需要那些只会记忆而不懂得思考的所谓的智者，我的公司永远没有活字典式的人物的位置，因为我不需要只会记忆、不会思考的"专家"。我要的是真正能够解决问题，能想出各种点子的人，是有梦想而且勇于实现梦想的人。有创意的人能为我赚钱，只能记资料的人则不能。

任何一个人，不拿所谓的才智找借口，他的表现绝对不会差，他懂得如何运用自己的资产，将自己的才能发挥出来，他知道真正重要的不在他有多少才智，而在于他如何使用现有的才智以及如何运用自己的脑力，他经常会自我提醒：心态大于才智，他会经常给自己积极的自我暗示"我一定赢"，他知道要运用自己才智积极创造、帮助自己寻找成功的方法，而不是用来证明自己最终会失败。他还明白，思考力比记忆力更有价值，他要用自己的头脑来创造、发展新观念，寻找最优方法，并且随时告诉自己：我是正在用我的心智创造历史呢？还是只是在记录别

人创造的历史？

有因必有果，任何一件事的发生，必然存在一定的原因，所以，很多人将失败归结为运气不好，而别人的成功就是运气使然，我从不相信运气的决定性作用，所谓的运气也不过是精心筹备的计划和行动。

如果将一切都依托于运气，那么，什么都做不成。假设标准石油公司要根据运气来彻底进行改组，那么，我要将公司所有人的名字写在纸条上，然后混在一起，然后从中抽出一个来，被抽出的名字就是总裁，第二个是副总裁，就这样顺序下去。很可笑吧？但这种可笑的操作方式就是运气的功用。

我从不屈从运气，我相信因果。看看那些好像运气很棒的人，其实他们的成功并不是运气使然，而是经过了一系列精心的准备、策划，再看看那些"运气不好"的人，你会发现背后都有明确的成因。成功者能面对挫折，从失败中学习经验教训，并再为自己创造契机，失败者却一蹶不振。

一个人不可能靠运气而成功，而是要付出努力的代价。我从不妄想运气能带给我什么，生命中那些美好的事物全靠努力获得，所以我更倾向于集中精力发展自我、修炼自己，使自己成为各方面的赢家。

因此，一味地找借口把绝大多数的人挡在了成功的大门之外，百分之九十九的失败都是因为人们习惯了给自己找借口，因此，我们在追求事业成功前，第一步就是要摒弃这一不良习惯——找借口。

爱你的父亲

第十七封信　自己就是最大的资本

亲爱的约翰：

昨天，我收到一位年轻人的来信，在信中，他向我请教了一个问题——在缺少资本的情况下如何致富？

很明显，这位年轻人的苦恼在于缺少资本，为此，我给他回了封信，内容是："从贫穷通往富裕的道路永远是畅通的，重要的是你要坚信：我就是我最大的资本。你要锻炼信念，不停地探究迟疑的原因，直到信念取代了怀疑。你要知道，你自己不相信的事，你无法达成，信念是带你前进的力量。"

任何一个渴望成功的人都要明白一个道理：成功的种子就撒在他自己身边。只要认识到这一点，他就能获得想要得到的东西。在信中我给那个年轻人讲了一个阿拉伯人的故事，我相信这个故事不仅能对这个年轻人有用，也必定能惠泽他人，乃至所有的人。

这个故事是这样的：

很久以前，在波斯，有个叫阿尔·哈菲德的人，他很富有，有百亩良田和繁盛的园林，他也是个知足的人，他觉得这些财富已经够他享用一辈子了。

然而，有一天，他的庄园来了一个老僧人，老僧人对他说："你确实富有，日子过得也很安逸，但是如果你拥有很多钻石，那么，你想过那样的生活是什么样的吗？你可以买下整个城堡，买下整个国家，让你的子孙成为国王。"

阿尔·哈菲德动摇了，于是，他卖掉农场，收回借款，把房子交给邻居看管，就出发寻找钻石去了。

接下来一段时间，哈菲德走遍了巴勒斯坦、欧洲，他花光了身上所有的钱，最后，他来到了巴塞罗那海边，他变成了一个历经沧桑、痛苦万分的可怜虫，他无法抵抗纵身一跳的诱惑，就随着浪峰跌入大海，终结了一生。

在哈菲德死后不久，他的财产继承人拉着骆驼去花园喝水，结果，就在溪水边，这名继承人发现了一些能发出奇异光芒的石头，他将这些石头拿进房间。

过了一些天，那个告诉哈菲德在哪里能找到钻石的老僧人来拜访哈菲德的继承人，他看到这些石头，惊叹道，"年轻人，你发财了！我认识钻石，这真的是钻石！"

于是，他们一起奔向花园，用手捧起溪底的白沙，发现许多比第一颗更漂亮、更有价值的钻石。

这就是人们发现印度戈尔康达钻石矿的经过。那是人类历史上最大的钻石矿，其价值远远超过南非的金百利。英王皇冠上镶嵌的库伊努尔大钻石，以及那颗镶在俄皇王冠上的世界第一大钻石，都是采自那座钻石矿。

听完这个故事，我们不免为故事中的主人公阿尔·哈菲德感到叹息，他不远万里去寻找钻石，最后却发现钻石就在自己的庄园里。

我们经常听故事，不是每个故事都有意义，但这个故事给我带来了宝贵的人生教诲：你的钻石不在遥远的高山上，不在广阔的大海之间，如果你决心去挖掘，钻石就在你家用后院，最重要的是，你要始终相信你自己。

年轻人，相信你一定有自己的理想，这种理想决定着你的努力和方向。但要想将理想化为现实，我们还必须要有必胜的信念，相信自己能做到，并将之付诸实践。就此意义而言，在我看来，那些连自己都不相信的人，就好比一个窃贼，因为任何一个不相信自己，而且无法将身体能量发挥出来的人，就是窃取自身能量的人，他创造力差，他也等于是从社会盗窃，虽然这种盗窃是无意中的，但是造成的损失是明显的，也就和故意盗窃一样了。

任何人，只有戒除这种盗窃自身能量的恶习，才可能攀向高峰。我希望那个渴望致富的年轻人，能悟出其中的道理。

爱你的父亲

第十八封信　不能让自己成为金钱的奴隶

亲爱的约翰：

有很多悲剧都由偏执和骄傲引发，贫穷也是一样。

许多年前，我在第五大道浸礼会教堂，遇到一个生活清苦的年轻人，他叫汉森，整天节衣缩食，他一直认为生活贫困的人就是品格高尚，这天，他对我说："洛克菲勒先生，我觉得我有责任同你讨论一个问题——金钱是万恶之源，这是《圣经》上说的。"

听完汉森的话，我愣了一下，因为他终于知道是什么导致这个年纪轻轻的小伙子不去努力工作、挣钱了，因为他误解了《圣经》给我们的人生教诲。

我不希望这个年轻人再这么"沉沦"下去了，于是，我告诉汉森："小伙子，我也曾接受基督教的熏陶，但似乎我的记忆力还不错，我记得你说的这句话原文应该是这样——'喜爱金钱是万恶之源'。"

"什么？"汉森吃惊极了。

"是的，年轻人，我们都敬畏《圣经》，我们可以直接引用它的智慧，以引导我们怎么去爱，但必须要直接引用的内容才是真理，而'喜爱金钱是万恶之源'这句话才是直接引用的。喜爱金钱只是崇拜的手段，并不是目的。如果你没有手段，就无法达成目标，也就是说，只知道当个守财奴，那么金钱就是万恶之源。"

接下来，我继续引导汉森："年轻人，你不妨想想看，如果你有了钱，你能做些什么？你可以救助你的家人、朋友，带给他们一些快乐，也可帮助那些需要帮助的社会人，那么，你的金钱就成为幸福之源。你不该再被那些偏执的观念束缚你的手脚了，你现在还年轻，应该充分利用时间去挣钱，让自己富裕起来，你应该致富，而且能够致富。记住，小伙子，你虽是尘世间的匆匆过客，却也要划出一道人生的光亮。"

当然，最后，我也不知道这位叫汉森的年轻人有没有听进去我的话，如果不能，我会为他感到遗憾的，他看上去身体很棒，头脑也很灵活。

在我看来，任何人都要花一定的时间来赚钱，进而让自己富裕起来。当然，有很多比金钱更珍贵的东西。当我们看到一片落叶落在坟冢上时，我们内心会涌起一股难以言喻的悲伤，的确，有很多比金钱更有价值的东西，尤其是那些饱受苦难的人，更能体会其中深意，有很多比黄金更值得我们珍惜的东西，然而，这些东西也不可能和金钱割舍，有了金钱，也能提升这些东西，金钱不一定万能，但在我们这个世界，很多事离开金钱万万不能。

爱情是美好的，但有了金钱，爱情会更甜蜜，金钱就是如此神奇！假如一个人大言不惭地说"我不要金钱"，那么，言下之意就是他不想为自己的家人、朋友、爱人和同胞服务，可见，他的说法是多么荒谬！

我相信金钱的力量，我认为每个人都要努力赚钱，但宗教却对这一看法有偏见，因为有些人认为，贫穷在上帝面前是光荣的，我曾听过一个人在祈祷会上祷告说，他十分感谢自己是上帝的贫穷子民，我听闻后不禁感慨：如果他的妻子听到自己的丈夫这样说，会作何感想呢？她肯定会认为自己当初是所托非人。

我不想再见到这种上帝的贫穷子民，其实上帝也不愿意吧。一个原本可以很富有的人，却贫穷且无能，那么，他必然犯下了极端严重的错误；他不仅对自己不忠诚，更没有善待他的家人和朋友！

我不会说，一个人赚的多就是成功，赚的少就是不成功，但从对社会贡献层面来说，赚的多的更容易对社会做更多的贡献，现在只要我想到因为我的富有而帮助更多的人致富，我内心的自豪感便油然而生。

我相信上帝是为他的子民——而不是撒旦之流——才铸出钻石。上帝所给我们的唯一告诫是：我们不能在违背上帝意愿的情况下赚不该赚的钱，或赚取别的东西。那样做是罪恶的，要获得金钱，或者赚很多的钱，这都无可厚非，只是要通过正当的手段和方法，而不是被金钱控制，成为金钱的奴隶。

一些人之所以穷，是因为他们不了解钱，他们一味地将钱看成是冰冷的东西，其实钱既不冷又不硬——它是温暖的，能带给我们柔软、温暖的衣服，能让我们衣食无忧，能帮助更多的人。

第十八封信　不能让自己成为金钱的奴隶

我能有如此成就，是因为过去的信念激发，坦率地说，在我初尝人间疾苦的时候，我就萌发了一个信念：我应该是富翁，我没有权利当穷人。随着时间的推移，这个信念愈发坚定。

在我很小的时候，我周围的很多人都在接受拜金思想的影响，大家都怀揣发财梦，一个个都涌向西部淘金，其中也包括我，要知道，当时我才只是个十来岁的孩子，然而我的母亲却是个很自尊的人，她希望作为长子的我能扛起家庭的责任，自打那个时候起，我就立下誓言：我不能沦为穷人，我要赚钱，我要用财富改变家人的命运！当然，很多年后，我做到了。

在我少年时代的发财梦中，金钱对我而言，不只是为了让家人衣食无忧，而是通过赚到足够的金钱，以此换来道德上的尊严与足够的社会地位，而这些远比住上豪华别墅和穿上华丽的服饰更令我激动！

正是因为我的金钱观，让我从小坚定了赚钱的信念，而这个信念又给予了我无比的斗志去追逐财富。

我的儿子，赚钱不可怜，但那些为了赚钱而赚钱的人才可怜，我深知：一定要做金钱的主人，而不是成为金钱的奴隶，事实我就是这样做的，我希望你也是。

爱你的父亲

第十九封信　财富与目标成正比

亲爱的约翰：

汽车大王亨利·福特先生是我的朋友，他曾说过这样一句经典的话："没有野心的人不会成就大事。"昨天他来看了我，我们谈到了他成功的秘诀。

他是美国首屈一指的富豪，这点我们都知道，他和我一样也是个执着而又坚毅的家伙，我们有着几乎相同的经历，在农场干过、当过学徒、与人合伙开办过工厂，通过不断奋斗成为全美的顶级富豪之一。

在我看来，福特先生是一个新时代的缔造者，没有任何一个美国人能像他那样，完全改变了美国人的生活方式，看看大街上往来穿梭的汽车，你就知道我绝非在恭维他，他使汽车由奢侈品变为了几乎人人都能买得起的必需品。而他创造的奇迹也把他变成了亿万富翁。当然，他也让我的钱袋鼓起了很多。

人活着，必须要有目标或野心，否则，就会像一艘没有航向的船，在大海上漂流，最终只能漂向失望的海滩，福特先生的野心我是赞同的，他起初的梦想就是打造一个人人都能拥有汽车的国度，在当时看来，这样的梦想简直是天方夜谭，然而，他真的做到了。

第十九封信　财富与目标成正比

他掌控了全球的小汽车市场，并赚到了大量的金钱，用他自己的话说就是："那不是在制造汽车，那简直是在印刷钞票。"你能想象到他坐拥财富，且享负盛名，他真是春风得意。

福特创造的成就，也佐证了我的一句座右铭：财富与目标成正比。如果你野心勃勃、志向高远，你就能积累财富，如果你只想得过且过、做一天和尚撞一天钟，那么，你只能碌碌无为，甚至一事无成，即使财富就在你左右，你也无法抓住。事实上，在福特成功之前，美国有很多的汽车制造商，且他们的实力都比福特强，但最后他们中有很多人破产了。

一个人不是在计划成功，就是在计划失败。这是我一生的心得。

我似乎从不缺少野心，从我很小的时候开始，我就告诉自己要成为最富有的人，不过当时我依然是一个穷小子，这样的想法似乎也是天方夜谭，但我告诉自己必须目标伟大，因为想要有成就，必须有目标作为刺激，伟大的目标能激发出你全部的内在力量，没有伟大目标的刺激，就没有推动我们向前的力量，小计划是没用的，因为它无法刺激心灵。

当然，伟大的目标，不可能马上就能实现，而是需要不断努力，一次一滴。伟大与接近伟大之间的差异就是领悟到，如果你期望伟大，你必须每天朝着目标努力。

但对于一个穷小子而言，如何才能实现这看似遥不可及的梦想呢？难道去给别人打工来实现它吗？这是个愚蠢的主意。

我一直坚信，勤奋出贵族，但我不认为为别人工作就能成功。在我住进百万富翁大街前，我就发现，在我身边，有不少工作很努力的人，但他们都是穷人，现实就是如此，作为雇员，无论你怎么努力，你都是在替老板赚取财富。替老板工作所得的薪金，只能让你获得温饱，尽管你可能会赚不少钱，但是要想富有却很难。

"努力工作定会致富"这句话看似是真理，其实是一句谎言。事实上，为自己工作的人才能真正富有，我采取的一切行动都忠于我的伟大梦想和为实现这一梦想而不断达成的各个目标。

在我离开学校、寻找工作的时候，我就为自己设定了一个目标：要到一流的公司去，要成为一流的职员。因为一流的公司会给我一流的历练，塑造我一流的能力，让我增长一流的见识，还会让我赚到一笔丰厚的薪金——那是开创我未来事业的资本，而这一切无疑是我通往成功之路的最坚实的基石。当然，在大公司做事，能让我以大公司的方式思考问题，这点很重要。所以，我仰慕大公司，我要去的是高知名度企业。

为了找到一份好工作，我吃尽了苦头，我先找到一家银行，很不幸，我被拒了。随后我又去了一家铁路公司，但依然失败。记得那天天气炎热，我满头大汗，但我没放弃一直坚持寻找，那段时间我所有的生活内容就是找工作，一个星期内，我把所有被列入名单的公司都找了个遍，但仍然一无所获。

在外人看来，这是一件非常糟糕的事，但我告诉自己，没人能阻止我前进的脚步，阻碍你前进最大的敌人就是我自己，我是唯一永久能做下去的人。如果不想让别人偷走梦想，那就在被挫折击倒后立即

第十九封信　财富与目标成正比

站起来。

我没有沮丧、气馁，尽管我遇到了接二连三的打击，但反而坚定了我继续努力的决心，接下来，我又从头来说，一家一家地跑，有些公司，我甚至跑了几次。皇天不负有心人，这场漫长的求职旅程终于在一个半月以后结束了。

1855年9月26日，我被休伊特-塔特尔公司雇用。这一天似乎决定了我未来的一切。直到很多年后，我还是把9月26日当作"重生日"来庆祝，我对这一天抱有的情感远胜过我的生日。

写到这儿，我自己都被自己感动了。

人生在功能上就像是一部脚踏车，除非你向上、向前朝着目标移动，否则你就会摇晃跌倒。我在休伊特-塔特尔工作了三年，三年后我满怀自信与能力与克拉克先生合伙创办克拉克-洛克菲勒公司，开始了为自己工作的旅程。

一味愚蠢地努力工作很可能在努力奋斗后依然毫无收获，不过如果能将打工的日子视为人生的跳板，那么，这段历史就是有意义的，为自己工作、当老板的感觉简直太美妙了，当然，即便18岁时我就跻身贸易代理商行列确实是一件令人自豪的事，但我也不会骄傲自满，我告诫自己："过去的已经过去，你的前程在未来，你的目标是成为全美首富，那个目标的实现还很早，你要继续为自己努力。"

成为最富有的人，是我努力和激励自己的动力，在过去的几十年，我一直是追求卓越的信徒，我最常激励自己的一句话就是：对我来说，第二名跟最后一名没有什么区别，如果你能理解我这句话的含义，就能明白我为什么能一统石油行业。

我们为了希望而活着，但我更多的是为目标而奋斗，我的信念就是必须要成为第一，这也是我设法定出并努力遵守的人生规划，我所付出的所有努力和行动，都是忠于这一长远人生目标。

上帝赋予我们智慧的大脑和健康的体魄，不是为了让我们成为失败者，而是成为成功者，二十年前的今天，我们那个欢乐的大家庭被联邦法院解散，但现在每当我想起曾经创下的辉煌，我就倍感荣光。

伟大的人生就是不断蜕变最终实现卓越的过程，我们必须要克服恐惧、坚定态度、不怕痛苦，准备在漫长的道路上跌跄。

爱你的父亲

第二十封信　风险越高，收益越大

亲爱的约翰：

今天报纸刊登了一条新闻，大概明天或者今天，我们美国就有一个人要成为富翁了，据说，在美国的赌场出现了一位传奇的人物，他的名字是大卫·莫里斯，与美国独立战争时期的财政总监、费城商业王子罗伯特·莫里斯先生同姓，他刚刚在赌场上交了好运，赢了一大堆钱，他在报纸上登出了自己的人生格言：好奇才能发现机会，冒险才能利用机会。

说实话，我一向对赌徒不以为然，但对于这位莫里斯先生，我不得不佩服，甚至我认为这位莫里斯先生一旦投身商界，他一定会成为一个优秀的商人。

我们不可能真的做到维持现状，因为不进则退，事情就是这么简单。我相信，我们不能秉持安全第一的原则，安全不能带来财富，要想获得报酬，我们就要学会冒险，学会承受风险。而有些时候，靠冒险获胜的概率要比谨慎大得多。

我这样说，言下之意并不是说那些赚到钱的赌徒都能成为优秀的商人，实际上，我反而厌恶那些将商场比作赌场而一赌运气的人。但我

推崇冒险精神，因为我懂得一个法则：风险越高，收益越大。而驰骋商海，对每一个人来说，都是生活提供给他的最伟大的历险活动。

实际上，我的奋斗历程也是一本冒险史，在我所有的冒险决策中，对我影响最大的大概是进军石油行业了。在这之前，我做的是农产品代销的工作，我在这一行业做的也是风生水起，我想如果我坚持下去，一定能成为一名大的中间商。然而，这一切因为安德鲁斯先生的出现而打破了，他在照明方面是一名专家，当时他说："约翰，煤油燃烧时发出的光亮比任何照明油都亮，它必将取代其他的照明油。考虑下吧，约翰，这个市场多么广阔，如果我们能涉足这一行业，前景多么壮观啊！"

我思考了一下发现，当机会真的来了，一旦放走，损失的不仅是金钱，更是致富路上的力量，于是我大声地告诉他："我干！"一开始，我们的投资只有四千美元，在当时，这对于我们来说是笔巨款，不过，投资过后，我就不考虑失败了。尽管那个时候，一些人从炼油行业获得财富，但同时也有很多人一无所有。

就这样，我开始醉心于这一行业，苦心经营，不到一年，我在炼油行业赚到的钱就超过了我卖农产品的利润，成为了公司第一大生意。在那一刻我意识到，原来冒险精神能带我进入新的致富之路。

在当时，石油行业真的能让人一夜暴富，在看到这样的前景后，我更加有了赚钱的欲望，更让我看到了盼望已久的大展宏图的机会。我告诫自己："你一定要紧紧抓住它，它可以把你带到梦想之境。"

第二十封信　风险越高，收益越大

我当时的合伙人是克拉克先生，我随后在石油行业大举扩张，这让他很恼火。在我看来，他是一个胆小、软弱且无知、胆识不足的人，害怕失败，他谨小慎微，这与我的冒险精神相背离，在我眼里金钱像粪便一样，如果你把它散出去，就可以做很多的事，要是把它藏起来，它就会变得臭不可闻。克拉克不是一个好商人，他不知道金钱的真正价值。

当我们在重要的事情上观念大相径庭时，我们合作的历程也要走向终结了，我认识到，克拉克已经成为我人生路上的绊脚石了，我必须和他分道扬镳，在做出这一决定时，我发现，这是多么重要的一刻。

想要获胜，就必须冒险，就必须有自己创造运气的远见。对我来说，与克拉克先生分道扬镳也是一次冒险，在倾其所有对石油行业投资前，我必须确保一点石油不会消失。在那个时候，很多人认为石油的热潮会很快过去，因为他们认为石油经过开采一定会枯竭，我当然希望油源不会枯竭，而一旦没有了油源，我的那些投资就会打水漂，我的下场甚至连那些赌徒都不如，但是收到确切消息，石油不会枯竭，这样就断定了我与克拉克分手的决心。

在将这件事摆上桌面前，我和安德鲁斯先生会了一次面，我说："我们要交好运了，我们将会获得一大笔钱，我决定终止与克拉克兄弟的合作，如果我买下他们的股份，你愿意和我一起干吗？"安德鲁斯接纳了我的提议，后来，我又拉到几家支持我的银行。

那年二月，在经过一系列准备之后，我向克拉克先生提出分手，尽管他很不情愿，但我去意已决。最后，我们大家商定把公司拍卖给出价

最高的买主。

直到今天，当时拍卖的现场画面依然历历在目，一想起来就让我内心激动不已，那种感觉就好比赌徒在赌场上赢了钱一样，那是一场豪赌，我押上去的是金钱，赌出来的却是人生。

公司的开拍价格一开始五百美元，随后很快升到了几千美元，再后来是五万美元，这个价格已经超出了我对炼油厂的预估价值。但竞拍价格一直在上涨，开始突破六万美元，又一步一步飙到七万美元。

当时，我内心也开始恐惧起来，万一我根本买不下这家公司怎么办？这么多钱，未必是我能承受得起的，但我很快镇静下来，我以最快的速度调整自我，然后告诫自己："不要畏惧，既然下了决心，就要勇往直前！"竞争对手报价七万两千美元，我毫不迟疑，报价七万两千五百美元。这时，克拉克先生站起来，大喊："我不再加了，约翰，它归你了！"

亲爱的约翰，那个时刻对我的一生有着决定性的意义。当然，我为与克拉克先生终止合作也付出了高昂的代价，他获得了代理公司的一半股份以及七万两千五百美元，但是我获得了自由管理权和一个灿烂的未来，我成为了独立的主人，我是自己的老板，从此也不用担心谁来阻挡我的路。

在我21岁时，我已经是科利佛兰最大的炼油厂的拥有者，已经成为世界最大炼油商之一，今天想来，这个每天能吃掉五百桶原油的家伙，无异于是我走向石油霸主之路、征服石油王国的利器。感谢那场竞拍，它是我获得人生成功的开始。

我能确定的是,所谓的安全感不会给你带来财富,要想获得更多金钱,总是要接受随之而来的必要的风险。人生又何尝不是这样呢?

我认为,谨慎并非完美的成功之道。不管我们做什么,乃至我们的人生,我们都必须在冒险与谨慎之间做出选择。而有些时候,靠冒险获胜的机会要比谨慎大得多。

商人永远在追逐利润,这无可厚非,商人要靠创造资源和掠夺资源来让自己富有,因此,冒险是商人驰骋商海必备的技能和手段。

当然,如果你想知道既冒险而又不导致失败的技巧,你只需要记住一句话:大胆筹划,小心实施。

爱你的父亲

第二十一封信　侮辱催人奋进

亲爱的约翰：

你和摩根先生谈判时的表现，让我和你的母亲感到十分欣慰，我没有想到你竟然能有如此勇气和智慧同那个令人讨厌的华尔街最大的钱袋子对抗，而且在与他对抗的时候，你表现很沉稳、语言得体、不失教养，并且重要的是你，你赢了。我们多么幸运，能有你这样出色的孩子。

来信中你告诉我说，摩根先生傲慢无礼，且侮辱你，这不是你的偏见，在我与他交往的很多年里，我了解他，你是对的，他这样是为了通过侮辱你来打击我。

你知道，这次摩根提出和我合作，其实更怕我对他造成威胁，他提出合作也是逼不得已，他根本不情愿，因为他知道其实我和他一样，我也不喜欢听，我一看到他那副趾高气扬、傲慢无礼的样子，我就生厌，我知道他一看到我内心肯定也不舒服。

不过，必须承认的是，摩根是位商界奇才，他不把华尔街放在眼里，也不怕对我构成威胁，因此，他也知道要想在美国的钢铁行业成为霸主，就必须与我合作，否则我们只能斗个你死我活。

善于思考与善于行动的人，都知道必须去除傲慢与偏见，都知道永远不能让自己的个人偏见妨碍自己的成功，不难看出，摩根先生就是这样的人。

所以，尽管摩根先生不想同我打交道，但他还是问我，是否可以在标准石油公司总裁办公室与他会面。

谈判中，我告诉他："我已经退休了，如果你愿意，我很乐意在我家中恭候你。"结果，不出我所料，摩根先生果真来了，这对他而言显然是有些屈尊。但他做梦都不会想到，当他提出具体问题时我会说："很抱歉，摩根先生，我退休了，我想我的儿子约翰会很高兴同你谈那笔交易。"

这是一种公然的轻蔑，但摩根先生却很克制，他告诉我他要到自己在华尔街的办公室去谈。结果，我答应了。

对他人的报复，就是对自己的攻击。摩根先生似乎不懂得这个道理，结果为解心头怒火，反倒让你给控制住了。但不管怎么说，尽管摩根先生对我公然侮辱他耿耿于怀，但始终将眼睛盯在要达成的目标上，对此我颇为欣赏。

我的儿子，我们生长在追求尊严的社会，我知道对于一个热爱尊严的人来说，蒙受侮辱意味着什么。但在很多时候，不管你是谁，即使是美利坚合众国总统都无力阻止来自他人的侮辱。

那么，我们该怎么办呢？是在盛怒中反击、捍卫尊严呢？还是一笑置之、宽容相待呢？还是用其他方式来回应呢？

你或许还记得，现在家里一直珍藏着一张照片，那是我中学同学的合照。他们都是富裕家庭出生的孩子，但是里面没有我，但几十年过去了，我依然珍藏着它，更珍藏了拍摄那张照片的情景。

那天下午，学校老师告诉我们，有位摄影师要来拍我们上课的情景照。对于像我这样的穷人家的孩子来说，能拍照确实是一件奢侈的事。当我听到这个消息后，内心雀跃起来，我甚至想象着自己要怎么摆好姿势、怎么笑，回家后一定要第一时间把这件事告诉母亲。

就在我做好一切准备，用一双兴奋的眼睛盯着摄影机时，摄影师突然说："你能让那位学生离开他的座位吗？他的穿戴实在是太寒酸了。"我愣住了，但是我只能默默地站起身，然后离开了那个富家子弟组成的摄影队伍。

在那一瞬间，我感觉自己的脸在发烧，但我没有生气，也没有因此埋怨自己的父母，为什么家里这么穷，因为我知道，我的父母将我送进学校学习已经是一件不易的事情了。只是，在那一刻，我暗暗地下决心：总有一天，我会成为世界上最富有的人！让摄影师照相算得了什么！让世界上最著名的画家给我画像才是我的骄傲！

我年少时的誓言变成了现实。当然，侮辱一词的意义在我眼里已经转换，它不再是剥掉我尊严的利刃，而是一股强大的动力，催促我不断奋进，成为自己想成为的人

每个人都渴望享受掌声与喝彩，那或者是在肯定我们的成就，或者是在肯定我们的品质、品格与道德；也有遭受攻击、侮辱的时候，除去

第二十一封信　侮辱催人奋进

恶意，我想我们之所以会遭受侮辱，是因为我们能力欠佳，这种能力可能和做人有关，也可能与做事有关，总之不能获得他人的尊重。所以，我想说，蒙辱不是件坏事，如果你是一个知道自我反省的人，就能认识到他人的侮辱给自己的正面意义，我就是这样做的。

我知道任何轻微的侮辱都可能伤及尊严。但是，尊严不是天赐的，也不是别人给予的，是你自己缔造的。尊严是你自己享用的精神产品，每个人的尊严都属于他自己，你自己认为自己有尊严，你就有尊严。所以，如果有人伤害你的感情、你的尊严，你要不为所动。你死守你的尊严，就没有人能伤害你。

我的儿子，你找准与你自己的关系，才是一切关系的开始，与自己的关系和谐，你就是自己最忠实的伴侣，也只有如此，你才能做到宠辱不惊。

爱你的父亲

第二十二封信　发现对方的弱点并一击即中

亲爱的约翰：

今晚我与亨利·弗里克先生会面，他是这次事件的调解人。我告诉他："正像我的儿子告诉摩根先生的那样，我并不急于卖掉联合矿业公司。但又像你所猜测的一样，我从来不阻止建立任何有价值的企业。但是，我坚决反对买主居高临下，定下企图将我们排斥在外的价格，我宁可血战到底也不会做这样的生意。"我请弗里克先生转告摩根先生，他想错了。

约翰，我知道你很讨厌摩根先生，但目前看来你还是免不了要跟他打交道，所以我想给你一些建议，让那个傲慢无礼的家伙知道你的厉害。

儿子，很多人在忙碌中都不知道自己到底是在做什么。其实，无论处于什么样的地位，无论从事什么工作，比如地产、石油或者钢铁行业，也无论是总裁、还是员工，都避免不了要与人打交道，谈判更是如此，你需要较量的是那个人，而不是那桩生意。

所以，知己知彼，百战不殆，你需要知道，做足准备是游戏里胜出的必备要素。另外，如果你要拥有实质性的优势，你必须知道：

第二十二封信　发现对方的弱点并一击即中

第一，大环境——市场总体状况、是否景气。

第二，你的资源——你的优势和弱势分别是什么，你拥有什么资本。

第三，对手的资源——对手的优势和劣势分别是什么，他的资产状况如何。在任何竞争中，谋划大策略的重要因素之一，就是了解对手的优势。

第四，你的目标和态度——"人贵自知。"这是太阳神阿波罗的座右铭，你要明白当下你在做什么，你的目标是什么，你的信念有多坚定，你是自我怀疑还是认为自己一定是个赢家，在精神与态度上有什么优点与不足。

约翰，你要记住我的一句话——越是认为自己行，你就会变得越高明。积极的心态会创造成功。

第五，对手的目标和态度——要判断这一点，你就需要进入对手内心，了解他在想什么、他的感觉是怎样的。

毫无疑问，最后这一条，难度是最大的，那些伟大的政治家和军事家，他们都有这样一个本事，那就是了解对手的性格和习惯，以此推测他们的心理以及可能做出的下一步举动。积极主动地做出应对比被动反应效果好多了，且更有力量。俗话说，预防胜于治疗就是这个道理。

在有些时候，你的竞争对手可能是你周围的熟人，那么，你对他就更了解了，如果他是个心思缜密的人，那么，你可能就更要小心一点了；如果你觉得他是鲁莽的人，总是很冲动，或许这是在暗示你，要大刀阔斧，否则你就可能被他逼上绝路。

当然，这并不是说必须要与对手很熟悉，才能了解他们，只要你能洞察人心，你在与对方谈判时就能挖掘出很多有利于你的信息。善于谈判的人总是能将一切尽收眼底，甚至你完全可以在谈判未开始时就了解对方。

人们说的话可能会隐藏内心，但是他做的选择能泄露自己内心的秘密，谈判中，你必须清醒地认识到自己在说什么，要掌控局势，就要先掌控自己的言语。

同样的，你需要随时保持警惕，以便收到对手发出的信息。这样，你就能持续掌控整个局势。如果无法保证这一点，你将会丧失更多机会，你要明白，在一场竞争激烈的谈判中失败，意味着下次赢得谈判的机会将会降低。

做交易的秘诀在于，你要知道可以交易的部分和不能交易的部分，在摩根先生看来，可能墙角里的残渣必须要清除，但我们认为可以保留下来，这一点，就是无法沟通的，同时，他还必须给出一个好价钱。但你也要知道，在做生意时，你绝对不能想把钱赚得一干二净，要留一点给别人赚。

约翰，你要知道，我们愿意做某个生意，是因为觉得它值得去做，它对我们有利，这是毋庸置疑的。然而，你不要受制于这种明显看到的利益。

有太多的"聪明人"认为谈判就是要捡便宜，希望用最低的价格买到东西。这次，摩根一方给出的价格比实际价值低过百万美元。如果他真的做成了这笔交易，或许他真的与美国钢铁行业霸主的地位无缘了。

交易的本质是交换价值，用别人想要的东西来换取你想要的东西。一笔好的交易，要获利更多，就必须强调价值，而不是价格，而这是很多人犯的错，于是，我们经常提到一些人在谈判时说："这的确很便宜，再也找不到这么低的价格了。"诚然，谁也不愿意花高价买东西，但是人们更希望买到价值更高的物品。

约翰，当你与摩根先生谈判时，如果涉及金钱，绝不可先提金额，要提供他宝贵的价值，强调他从你这里能够买到什么。

我始终相信，人只要努力，完全可以改变世界，达成所愿！祝你好运！

爱你的父亲

第二十三封信　建立在生意上的友谊远胜过建立在友谊上的生意

亲爱的约翰：

你和摩根先生达成共识，这是美国经济史上最伟大的一次握手。美国的《华尔街日报》评价这次握手标志着"一艘由华尔街大亨和石油大亨共同打造的超级战舰已经出航，它将势不可挡，永不沉没"。

约翰，你知道这叫什么吗？这就是合作的力量。

合作，在那些自负的人看来，是软弱的。但我不这么认为，合作永远是明智的选择，前提是只要对我有利。现在，我也想将这样的事实告诉你。

我之所以取得今天的成就，除了上帝的帮助外，我还可以将其归结到以下三个因素：

第一，在规则内做事，它能让企业长久兴旺地发展；

第二，残酷且激烈的竞争，这让每次的竞争更趋于完美；

第三，来自合作，它能让我在合作中获得利益、提升自己。

而我之所以能将其他竞争者甩在身后，就是因为我最先看到合作的重要性，每次我能赚到财富，都源于合乎时宜的合作。从我踏上社会那

第二十三封信　建立在生意上的友谊远胜过建立在友谊上的生意

一天起我就知道,在任何时候、任何地方,只要存在竞争,谁都不可能单打独斗,除非他不想获胜,聪明人都懂得与竞争对手形成合作关系,借他人之力使自己存在下去或强大起来。

现在我能做个假设,假如我们放弃和摩根先生合作,那么我们双方就很可能会拼个两败俱伤,而此时我们共同的竞争对手——卡内基先生可能就会坐收渔翁之利,进而独占钢铁行业了,但现在,卡内基先生一定要懊恼不已了。要知道,谁能冷静地看着对手侵占自己的领地而无动于衷呢?除非他已经没有了生命气息。

合作最少能压制对手,也可能会将对手淘汰掉。换句话说,合作并不见得是追求胜利。可惜的是,很少人能认识到这一点。

不过,你不能认为合作就是友谊、爱情和婚姻,合作的目的不是去维系情感,而是要获得利益。我们应该知道,成功是建立在合作和他人的支持的基础上的,我们的理想与我们当下的现实之间的障碍,就需要他人的支持与合作帮我们跨越。

当然,我永远不会拒绝与生意伙伴建立友谊,我相信建立在生意上的友谊远胜过建立在友谊上的生意。

例如我与亨利·弗拉格勒先生的合作。

亨利是我永远的知己,最好的助手;和他的结盟,让我得到的不仅仅是投资,还是一种心灵和智慧上的支持。我们是同一类人,我们都雄心勃勃,希望成为石油行业的主人,直到现在,我们都还记得我们一起工作时的情形——我们几乎形影不离,一起上班、下班,一起思考,

我们总是互相激励，我们就像情侣一样，那是我人生中最快乐的一段时光。相互激励、彼此坚定决心。那段时间，就如同欢度蜜月一样，永远是让我感到愉快的记忆。如今，几十年过去了，我们依然亲如兄弟，这份情感给多少钱我都不卖。这也是我一直让你叫他亨利叔叔而不要叫他亨利先生的原因。

友谊是不能拿来买卖的，友谊需要我们付出真情。我与亨利之所以有不悔的合作和永远的友谊，不仅仅是因为我们在利益上的一致，更重要的是，我们很相似，我们都是严于律己的人，我们都知道要想让别人怎么待你、你就怎么待别人。

一直来，我的行为准则里，都有一条——"己所不欲，勿施于人"，哪怕你资产雄厚，也不要欺凌弱小，我情愿与他们坐下来沟通想法，也不愿意摆出盛气凌人的姿态去压服他们，否则，我可能会毁了我们之间的合作，让目标在中途停止。

当然，遇到一些傲慢无礼的人，我有时也可能采取反击的态度，比如，我曾经就教训过纽约中央铁路公司的老板范德比尔特先生。

范德比尔特是贵族出身，在南北战争中战功赫赫，享有将军头衔，不过，他将战场上那一套搬到了生活和生意中，并且，他自以为掌控了运输大权，就能将我们所有人都看成他手下的打工仔。

一次，亨利和他谈运输的事，谁知道他竟然对亨利说："年轻人，你要与我谈？你的军衔似乎不够格吧？你的军阶似乎低了些！"亨利从未受到过这样的侮辱，但他是个修养极好的人，所以他并没有做过火的举动，但他回到办公室的时候，发泄了一通，那些办公用具被他摔了个粉碎。

我赶快安慰他："亨利，忘了那个傲慢的家伙说的话，我一定会让你赢回尊严。"

后来的一次打交道中，范德比尔特急着要与我们谈个生意，他邀请我们去他那里谈判，但我打发人告诉他："合作可以，但你要到我们办公室来谈。"

结果，这位一度习惯了盛气凌人的将军不得不来面见两位比他小了四十几岁的年轻人，并且还要接纳我们提出的条件。

我想，当时的范德比尔特将军一定忽然明白了一个道理：往上爬的时候要对别人好一点，因为你走下坡的时候会碰到他们。

我不喜欢以暴制暴，也不需要粗鲁的交谈方式，我更喜欢以温柔、耐心的态度与自己下属和同事交往。我知道，钱能吸引人才，但无法买到人心，但如果在支付他们钱的时候又送上一份尊重，我就会让他们为我死心塌地地效劳。这就是我能建立起高效管理队伍的成功所在。

不过，你可千万别产生错误的想法，认为合作就是做好人！合作的重心不是做好人与坏人的问题，而是利益问题，没有任何合作是永恒不变的，合作只是一种获利战术。当外在环境与条件改变时，这一战术就要随时调整和改变，否则，你会输得很惨。现实越残酷，你就要更残酷。当然，你也不要忘了做个好人。

约翰，生命的本质就是斗争与竞争，它们能激发人的斗志，但是，当它们发展为冲突时，带来的影响往往是毁灭性的，而适时的合作则可化解它们。

爱你的父亲

第二十四封信　态度是我们最好的朋友

亲爱的约翰：

　　被人拥护和爱戴的感觉实在太好了。今天，我去了芝加哥大学，这些学生们给了我这样美妙的感觉，那一刻，我是真的体会到了我创建这所学校的意义了，这的确让我喜出望外。

　　说实话，在我当初创建这所学校时，我从未想到过今天这样的场景，我的初衷是真心希望青年能学习到最优秀的文化，希望他们能有个美好的未来，如今看来，我的目的达到了，这是我一生最明智的投资。

　　芝加哥大学的这些年轻人很可爱，他们对未来满怀希望，希望也能创下一番成就。今天有个男孩跑过来告诉我，他希望在未来也能成为和我一样的人，我是他的榜样，希望我能给他一些建议，我接纳了他的请求，再次，我忠告那些年轻人：

　　"成功不是以一个人的身高、体重、学历或家庭背景来衡量，而是以他思想的'大小'来决定。其中最重要的一条就是我们要看重自己，克服人类最大的弱点——自贬，千万不要廉价出卖自己。你们比你们想象中的还要伟大，所以，要将你们的思想扩大到你们真实的程度，绝不要看轻自己。"

我说完这些后,台下响起了热烈的掌声,此时,我兴奋极了,难免多说了几句:

"几千年来,很多哲学家一直在提醒我们要认识自己,但是大部分人认为,所谓的认识自己,就是认识自身消极的部分,因此在自我评估时,他们都会看到自己的缺点、错失和无能的部分,任何人,能认识到自己的不足固然是好事,能借此精进,但是如果只看到这一部分,就会陷入混乱,使自己变得没有任何价值。

"而对那些渴望别人尊重自己的人来说,现实却很残酷,因为别人如何看他,与他对自己的看法基本一致,我们都会受到那种'我们自以为是怎样'的待遇。那些总认为自己不如人的人,不管他们能力如何,最终他们总是真的不如人,这就是人的思想对人的行为的暗示与影响。

"如果一个人自己觉得比不上别人,他就会在行为上表现出种种不如人的部分,而且这一表现根本无从隐藏,那些认为自己不重要的人,也会真的成为'不很重要'的人。

"在另一方面,那些相信自己能承担重大责任的人,往往会接到重要的任务,因为他们看得起自己,他们认为自己重要。只有相信自己,才能让别人相信你。

"所以,如果你们想做重要人物,就必须首先使自己承认'我确实很重要',而且要真正这么觉得,别人才会跟着这么想。

"可见,我们每个人都无法摆脱这样一个原则:你的思想将会决定你的行动,你的行动将决定别人对你的看法。这就好比你追逐成功一样，要想获得别人的尊重，首先必须要值得别人尊重，而且你们越敬重自己，别人也会越敬重你们。

"一个人，要想获得别人的尊重，就要先学会尊重自己，请你们想一想：你们会不会敬重那些在破旧街道游荡的人呢？当然不会。为什么？因为那些无赖汉根本不看重自己，他们只会让自卑感腐蚀他们的心灵而自甘堕落。

"一个人的自我观念就是他人格的核心，你们认为自己是什么样的人，你们就真的会成为怎么样的人。

"每一个人，无论他身居何处，无论地位如何，无论他年纪几何，内心都想成为重要人物，现在，你不妨来看看你周围的那些人——你的邻居、老师、同学、朋友乃至你自己，有谁没有这样的心理需求呢？全都有，因为这一需求是人类最强烈、最迫切的一种目标。

"但是，为什么原本可以实现的目标，许多人却搁浅了呢？我认为导致这一切发生的根本原因是态度，态度会让我们的精神和思想具体化，我们的行为和选择常常受到态度的左右，因此，态度或许是我们的朋友，帮助我们成长，也有可能是我们的敌人，阻碍我们前行。

"我承认，风来时我们无法掌控它的方向，但是我们可以调整自己的航向。也就是说，我们可以选择自己的态度，一旦你们选择了看重自己的态度，那些贬低自己的话，比如'我没用，我是个无名小卒，我毫无价值'等，都会从你的脑海中消除，取而代之的，是心灵复苏，是行为上的积极改变，是增强自信，是以积极的心态面对一切。

"年轻人，如果你们有谁曾自欺欺人，请立刻停止。因为那些不觉得自己重要的人，都曾自暴自弃，任何时候，都不要贬低自己，你要善于发现自身的优点，这对于你们来说是无形资产，要经常问自己：'我有哪些优点？'在剖析自己的优点时，不必过于自谦。

"你们要专注自己的长处，告诉自己我比我想象的还要好。要有远见，看到未来的发展性，而不只是盯着眼前，要有远大的期望。要经常反问自己：'重要人物会不会这么做呢？'这样，你就会按照大人物的标准要求自己。

"孩子们，在追逐成功的路上，遍地是黄金，不过我给各位的忠告是：这是一条单行道。此时，我们需要的是乐观的态度，一直以来，人们对都曲解乐观了，所谓的乐观，并不是'希望'，而是一种信念，是相信生活是美好的，是快乐大于苦难的，即便不如意的事屡屡发生，但是好事终究会迎面而来。"

约翰，你知道吗？虽然今天我的演说只有十几分钟，但却八次获得了掌声，甚至这些雷鸣的掌声干扰了我的思路，有一个重要的观念我忘记传达了，那就是要提高思考能力，会帮助他们提升行动的准确性，帮助他们做出更高的成就，但我依然很高兴这次能为芝加哥大学的学生们做演讲。

爱你的父亲

第二十五封信　没有想好最后一步，就永远不要迈出第一步

亲爱的约翰：

我很难过，因为查尔斯先生去了天堂，查尔斯是一位富翁，但一直乐善好施、受人爱戴，他经常用赚到的大量财富去帮助那些需要的人们，我相信，上帝会在天堂欢迎他的。因为他是那么的无私。

一个人拥有真挚的灵魂，是他的福气，我能与查尔斯先生合作多年，是我的荣幸，虽然他是个谨慎的人，也经常和我在决策上持不同意见，但这依然不影响我尊重他。

很多年以前，在我们公司的管理层，一直有一个共进午餐的习惯，虽然我是公司的第一人，但是我都会将大家心照不宣的最重要的座位留给他，以表达我的敬意。是的，在我看来，高尚的道德应该受到褒奖。而就一个整体而言，这看起来只是一个很小的细节，但一个小细节可能对整个公司产生影响，包括公司的业绩、发展。

事实上，在标准石油公司，我的合伙人都是正直的人，我们互相信任、尊重、团结。虽然很多时候会出现意见上的分歧，但我们都会开诚布公地交谈与沟通，而不是勾心斗角、各自为营。我相信，在这种纯洁

的氛围中，即使有人心生邪念，也会在走出家门前就扼杀掉。

标准石油公司之所以如此强大乃至让对手敬畏，这是主要原因之一，还有个重要原因就是公司表现出的精诚协作精神，在这一方面，查尔斯先生堪为表率。

我是公司的发起人之一，在一次董事会上，我说："我们是一家人，我们荣辱与共，我们坚强的手掌撑起我们共同的事业，所以，我建议大家请不要说我应该做什么，要说我们应该做什么。千万别忘了，我们是合作伙伴，无论做什么事都是从共同利益出发。"

查尔斯先生被我的一席话感染了，他第一个站出来支持我："先生们，我听懂了，约翰的意思是说，比起'我'来说，'我们'更重要，我们是一家人！没错！是应该说我们！"

那一刹那，我仿佛看到了未来的希望，因为我们开始忠于"我们"。因为人人自私，人人做事的出发点都是"我"，也是忠于"我"的，而"我们"取代"我"的时候，它能激发出强大的力量，也就能取得巨大的成就。我之所以能取得巨大成就，就在于我首先认识到了经营"人"的因素。

我与查尔斯先生有着共同的信仰，我们都是虔诚的基督徒。查尔斯有一句格言："珍惜时间和金钱。"这也是我最喜欢的，这句简短的话凝练了伟大的智慧，我相信很多人也喜欢它，但是很少有人能真正践行它和将其当成人生信条，并永远融入自己的血液中。

是的，无论一个人的头脑中有多少催人奋进的名言箴言，也无论他有多么独特的见地，如果他不能将其付诸行动的话，他就无法从中获取积极的影响。

人人都知道，一个人是否有所成就、是否拥有幸福生活，都与如何利用时间有关。然而，在很多人看来，时间成了他们的敌人，他们消磨它、抹杀它；但如果谁偷走他们的时间，他们又会大发雷霆，因为时间毕竟是金钱，重要的时间还是生命。遗憾的是，他们就是不知道如何利用时间。

事实上，这一切并不难，只要我们将每一天计划好，就能知道该如何思考、如何做。计划是我们每天行动的依据，它能告诉我们什么能做、什么不能做以及怎么做的问题。首先要确认自己想要什么；还有，每项计划都要有措施，并监督自己的实施状况，能付诸行动、有成果的计划才是有价值的计划。当然，一个人的自动自发精神、创造力等，可以化不可能为可能，并突破计划的限制，所以，不要自囿于计划之中。

每一个决定都很重要，每一个步骤也很重要，我们要下定决心，不过不要轻易做决定，如果没有想好最后一步，就永远不要迈出第一步，要相信总有时间思考问题，也总有时间付诸行动，要有促进计划成熟的耐心。但一旦决定去做，就要激发斗志，认真执行。

查尔斯一直坚持，赚钱不会让你破产。这也是他的致富秘诀。

在一次午餐会上，查尔斯谈及他的致富哲学，一场午餐会变成了演讲大会，他慷慨激昂、颇富热情，查尔斯先生公开了他的赚钱哲学，那天他用一种演讲家般的激情，激励了我们每个人，他告诉我们大家，世界上有两种人永远不会富有：

第一种是及时行乐者，他们喜欢衣着光鲜的日子，他们喜欢奢侈品，喜欢消费，喜欢豪宅、名车，喜欢华服，喜欢那些昂贵的艺术品，这样的生活确实潇洒，但缺乏理性，他们是在为自己增加负债的风险，而一旦破产，他们就麻烦了。

第二种人是喜欢存钱的人，把钱存在银行里当然保险，但它跟把钱冷冻起来没什么两样，要知道靠利息不能发财。

但是，有一种人会成为富人，比如我们。我们不寻找花钱的方法，而只寻找、培养和管理各种投资的方法，因为我们知道钱生钱的道理，我们会把钱拿来投资，创造更多的财富。但我们还要知道，让每一分钱都能带来效益！这正如约翰一贯的经商原则——每一分钱都要让它物有所值！

一番话博得了满堂彩，查尔斯点燃了我，吃饭时给他鼓掌太过用力，以至于一下午的时间两只手还在隐隐作痛。

可惜的是，那样的演讲、那样的掌声再也没有了，但我一直坚持"珍惜时间和金钱"的理念。我不会浪费生命，浪费生命就等于糟蹋自己，糟践自己才是世界上最大的悲剧，而享乐也只是猪的理想，不该是我们人类的追求。

世界上没有比糟践自己更大的悲剧了。我也不把安逸和享乐看作是生活目的本身，因为我称其为猪的理想。

爱你的父亲

第二十六封信　任何时候冲动都是我们最大的敌人

亲爱的约翰：

谢谢你信任我，告诉我想要退花旗银行董事会的事情。我能理解你的想法，因为你已经无法忍受那些同仁们的做法，也不想再委屈自己了。但是你的决定是否明智还有待商榷，在我看来，如果你不放弃这一职位的话，也许你能得到更多。

的确，我们都怕屈从于他人，都爱自由，但对于一个目标远大的人而言，保持必要的屈从与忍耐，恰恰能带给我们意想不到的成功。回首往事，曾经我忍耐过许多，也因忍耐得到过许多。

那时正值我创业之初，因为资金问题，我的合伙人克拉克想到了一个解决问题的办法——拉当地的一个富人，也就是克拉克曾经的同事入伙，这位合伙人叫加德纳。有了加德纳的入伙，资金问题解决了，然而让我感到吃惊的是，这位加德纳先生在为我带来资金的同时，也为我带来了屈辱。他注入资金的条件就是必须要将公司改名为克拉克-加德纳公司，他们的理由就是加德纳的名字更响亮，更能吸引客户。

我感到很受伤，但我忍住了，我故作镇定地对克拉克说："这没什么。"事实上，我的心里如海水般翻腾，因为我的人格被践踏了，但我知道这样做能给自己带来好处，最终，我愿意忍气吞声。

当然，最后我们散伙了。克拉克-洛克菲勒公司永远成为了历史，取代它的是洛克菲勒-安德鲁斯公司，我也因此成为了富人。

忍耐不是盲目的容忍，需要你冷静下来，考察事情的利弊得失，你要知道你的决定是否有损于你的目标，如果当时我对克拉克发火的话，会为我们之间的合作造成影响，那么，我很有可能被踢出局，我就需要一切从头再来，而团结则可以形成合力，让我们的事业越做越大，我的个人力量和利益也必将随之壮大。

我知道自己做什么、要去哪里，在这之后我一如既往、不知疲倦地热情工作。到了第三个年头，我就成功地把那位极尽奢侈的加德纳先生请出了公司，让克拉克-洛克菲勒公司的牌子重新竖立起来！那时人们开始尊称我为洛克菲勒先生，我已成为富人。

我认为，忍耐并不是一味地忍气吞声，也不是低声下气，而是一种策略，同时也是一种性格磨炼，它所孕育出的是好胜之心。这是我与克拉克先生合作期间的心得。

我是个崇尚平等的人，我不喜欢我的合伙人克拉克居高临下、发号施令，在遇到一些需要商量的问题面前，克拉克总是摆出一副趾高气扬的架势，从不把我放在眼里，在他看来，我似乎并不是他的合伙人，而是一个打杂的小职员，他甚至贬低我除了管钱和记账外一无所能。这是公然的挑衅，但我知道容忍的重要性，于是我装作充耳不闻，我知道

第二十六封信 任何时候冲动都是我们最大的敌人

自己尊重自己比什么都重要。但是，那个时候，我就在告诉自己：超过他，你的强大是对他最好的羞辱，是打在他脸上最响的耳光。

当然，最后我做到了，也终止了和克拉克的合作。

能忍人所不能忍之忤，才能为人所不能为之事。

在任何时候，冲动都是魔鬼，如果忍耐能避免不该有的冲突，那么，这样的忍耐就是值得提倡的，相反，一意孤行、冲动行事，非但不能化解危机，还会带来更大的灾难。安德鲁斯先生似乎并不明白这个道理。

然而，关于这位新的合伙人安德鲁斯，我也能看透他的本质，他就是个贪得无厌、目光短浅的人，最后我们也分道扬镳了，我们的分散是因为一次分红。

这一年，我们一起赚了很多钱，我希望能从中抽取一部分来经营新的生意，然而，安德鲁斯却希望把自己的钱全部拿回家，甚至怒气冲冲地威胁我说，他不想在公司继续干下去了。我不能忍受任何阻止公司强大的想法，我只能向他摊牌，请他为他持有的股票开价，他说一百万，我说没问题，第二天我就用一百万买下了。

钱一到手，安德鲁斯兴奋极了他以为自己交了好运，因为他确实挣到了一大笔钱。然而，就当我用自己的分红一转手又挣到一笔钱后，他竟然骂我卑鄙，我并没有说什么。

区区三十万，我不想因此而落下个卑鄙的名声，因此，我派人去告诉他，他可以按照原价收回，但那个时候的安德鲁斯处于懊恼中，并没有接纳我的建议,事实上,如果他当时答应了,可能现在已经是美国的巨富了,如果他能将价值一百万的股票保留至今的话,真的就价值不菲了,但他太意气用事了,他丧失了一个致富的好机会。

约翰,在这个世界上,引诱我们意气用事的人和事也很多,而要我们忍耐的人和事也太多太多。所以你要修炼自己的情绪管理能力,要善于控制自己的感情,要注意在决策时不要受情感左右,而要理性选择,同样,你需要知道,在充满机遇的世界里,我们实际上并没有多少机会可以争取,如果你想要获得成功,就一定要掌握并保护自己的机会,更要设法抢夺别人的机会。

记住,每天都要学会适度忍耐,你能因此获得机会、快乐和成功。

爱你的父亲

第二十七封信　机运就在你的选择之中

亲爱的约翰：

几天前，你的姐姐塞迪兴高采烈地告诉我，她的财运很好，她的股票好像很听她使唤一样，正帮助她大把大把地赚钱。

现在的赛迪大概高兴极了，但我希望她能清醒面对，不可得意忘形。我告诉她，一定不要过分相信运气，以至于让自己失败。

任何一位成功者都曾告诉我们：无论是生存，还是建立事业，都不可能过度指望运气，不过，我们看到的是，大多数人都相信运气，在我看来，他们可能是将运气和机会混为一谈了，没有机遇就没有运气。

约翰，你可以回想一下你周围的那些运气好的人，几乎可以肯定的是，他们都不是温良恭俭让的人，我也可以肯定，他们都浑身散发着自信的光芒，他们天不怕地不怕，做什么都彰显出自己的胆量，其实，幸运的人是因为幸运才能表现出自信和勇气，还是他们的"运气"是自信和勇气带来的呢？不过我更赞同后面这一观点。

幸运之神眷顾勇者，我将其奉为我一生的格言，胜利不一定属于强者，那些警惕心强、生机勃勃和勇敢前行的人也会成为上帝的宠儿。不过也有人认为，谨慎比勇敢更重要，但勇气比谨慎更能吸引人的注意，懦弱根本不能与之同日而语。

任何人都坚信自信和果决的重要，迄今为止，我还未见过谁不欣赏这一点，我们都愿意支持这样的人当我们的领袖，我们被这样的人吸引。所以勇敢的人常常会比较成功，会较容易担任领袖、总裁和司令官，并且在企业内部能获得重用且升职的也是这样的人。

经验告诉我，大胆果决的人，能做出最有益的交易，能与他人缔结联盟，而那些胆小懦弱、犹豫不决的人却很难获得这样的好处。有自信、有勇气的人更容易成功，他们会根据自己的期望，制订计划并按部就班地实现。

能完成最好的交易，能吸引他人的支持，结成最有力的盟约。而那些胆小、犹豫的人却难以捞到这样的好处。不仅如此，大胆的方法对自己也大有裨益，有自信的人期望成功，他们会配合自己的期望，做好所有的计划以追求成功。

当然，我并不是说这样会一定带来成功，但是成功的必要条件。也就是说，如果你觉得自己是赢家，你的行为就会像个赢家；如果你的行为像个赢家，你就很可能去做更多赢家的事，从而改变你的"运气"。

真正的勇者并非是傲慢无礼的自大狂，更不是有勇无谋的莽汉，而是那些懂得运用自己的智慧和判断力计划每一步的人，这就好比军事家指挥战争一样，有谋略的军事家能让军队力量大增，形成自己的优

第二十七封信　机运就在你的选择之中

势，进而战胜对手。这让我想起了十几年前，大胆决定买下莱玛油区的事情。

在此之前，在石油行业，大家每天都沉浸在石油会枯竭的恐惧中，认为石油行业不可能长久盈利，就连我的助手也不例外，他悄悄地售卖公司的股票。也有人认为，应该放弃石油业而经营其他行业的生意，否则公司就将面临衰败乃至破产的结局，我是公司的发起人，因此我应该给这些员工和下属们信心而不是悲观和绝望，作为领袖，面对悲观送出的应该永远是希望而不是哀叹，我告诉那些惶恐中的人们：上帝会赐予我们一切。

人们看到希望是在俄亥俄州莱玛镇发现了石油的时候，只是莱玛的石油有一种臭味，这是我们用常规方法都无法去除的，那个时候很多人都想从这里大发横财，不过他们的想法泡汤了。但我对莱玛油田充满信心，我断定，只要我们独占莱玛，就能掌控整个石油市场。这就是机会，如果不抓住，我将会后悔一生，我将自己的想法告诉了公司的董事们：机会难得，应该向莱玛投资！

如我所料，那些胆小怕事的人站出来反对了，我不喜欢强迫他人，我希望能通过平和的讨论来让大家接受我的意见。

等待结果的过程是漫长的。我忧心忡忡，我们建起了全球规模的巨型炼油厂，它就好比一个嗷嗷待哺的婴儿吸吮母亲的乳汁一样，它也要喝源源不断的原油，但宾州的油田正在凋敝，与此同时，一些小油田的产量也在下降，长此下去我们只得依赖俄罗斯的原油。不难想象，这

会受制于人，俄国人借机削弱我们的力量，甚至可能将我们赶出欧洲市场，但是只要掌控了莱玛的石油资源，我们就会继续做赢家。我觉得此时再也不能拖下去了！

不出所料，那些保守派依然拒绝我的提议，但我最终降服了他们。我告诉他们："先生们，如果不想让我们这艘巨轮就此陨落，就必须保证原油的供应。现在，莱玛地下就蕴含了源源不断的石油，它背后带来的是巨大的财富，那些看起来带有臭味的液体其实市场很大，要知道，我相信上帝赐予我们的东西不可能毫无价值，并且科学也会解开疑虑。所以，我决定用我自己的钱进行这项投资，并情愿承担两年的风险。如果两年以后成功了，公司可以把钱还给我；如果失败了，就由我自己承担一切损失。"

我的决心与诚意打动了普拉特先生，要知道，他可是我最大的反对者，他激动地说："约翰，我的心被你征服了，既然你认为应该这样做，我们就一起干吧！你能冒这个险，我也能！"这就是一荣俱荣、一损俱损的合作精神，这是我们获得成功的精神支柱。

最终，我们做到了，我们倾尽全力将巨资投到了莱玛，而获得的回报更是巨大的，要知道，莱玛是全美最大的原油生产基地。而在莱玛的成功又为我们的事业增加了助力，支配我们开始了在石油业空前的大收购。结果正像我们预想的那样，我们成为石油行业的巨头，取得了无法撼动的统治地位。

约翰，选择你的态度，能创造好运气，而好运气就蕴藏在你的选择之中，如果你有百分之五十一的时间做对了，那么你就能获得成功。

这是我关于幸运的最深体会。

爱你的父亲

第二十八封信　我们的心态决定我们的能力

亲爱的约翰：

你说让罗杰斯担当重任，我并不同意。事实上，在你之前，我也考虑过这一点，但结果让人很失望，在我的用人原则上，如果一个人能找到解决事情更好的方法，他才能被提拔和重用，但很明显罗杰斯并没有达到这样的标准，他是个不爱动脑的人。

在此之前，我曾问过他一个问题："罗杰斯先生，你认为政府应该采取什么措施，则会在三十年内废除监狱呢？"听完我的问题后，罗杰斯睁大了眼睛，他以为自己听到了一个很大的笑话，过了一会儿，他反驳我说："尊敬的洛克菲勒先生，您刚才这句话的意思是要将那些罪犯，包括强盗、强奸犯、杀人犯全部释放吗？您知道这样做会带来什么后果吗？如果真是那样，我们就别想得到安宁了。不管怎样，一定要有监狱。"

罗杰斯的思维太僵化了，于是我继续引导："罗杰斯，你说的只是监狱不可以废除的理由，现在，假设我们可以废除，该怎么做呢？"

"这太难了洛克菲勒先生，我无法相信，我也很难找出废除它的方法。"这就是罗杰斯的办法——没有办法。

第二十八封信 我们的心态决定我们的能力

其实这是我考察罗杰斯的一个方法而已，但很明显，他没办法担当重任，因为我怀疑当机会和危难来临时他是否能积极应对。根据我的考察，可能原本有希望的事也会因此变得没希望。

找出把事情做得更好的方法，是将任何事情做成的保证。这并不需要什么过人的智慧，只需要信念上能达到，当我们相信自己可以做成一件事时，我们就会调动头脑思考解决问题的各种理由和方法。反之，如果我们认为自己做不好，我们的头脑也会去寻找各种做不到的理由和借口。

相信某一件事可以做成，就会为我们提供可创造的解决方法，激发我们发挥创造性能力，相反，如果认为自己不会成功，那么，就会关闭创造性解决问题的通道，甚至我们的理想也会因此破灭，人们常说，有志者事竟成就是信念的力量。

我不喜欢我的下属告诉我"不可能"。"不可能"是失败者的借口，一个人的大脑一旦人被"那是不可能的"想法所支配，他就能找到一大堆的理由为自己做不到开脱，你想提拔的罗杰斯就是犯了这样一个错，他的心本身是麻木的，在他看来：监狱制度已经推行百年了，因此一定是个好办法，必须维持原样，又何必冒险去改变呢？而事实上往往只要开动脑筋，就能找到方法。

不过，很多人却拒绝进步，事实上，做任何事都不可能只有一种最好的方法。如果我们让传统的想法冻结我们的心灵，就无法滋生创意。

传统思维是创造性计划的大敌，传统的思维模式会禁锢我们的想法，阻碍我们心灵的进步，而发展则需要我们的创造性能力。罗杰斯就犯了这样的错误，他应该接纳新事物，要丢弃那些头脑中的"不可行""办不到""没有用""那很愚蠢"等观念。同时，他应该勇敢尝试新的事物，以此扩展自己的能力，以便日后担当大任。并且他也要主动前进，不要总认为：这是我通常做这件事的方式，所以此处我也要使用这一方法，而要想有没有什么更好的解决方法呢？

没有所谓的绝对完美的计划，也就是说，任何时候，事物都有更好的方法，我一直坚信这一点，所以我不会问自己能不能做得更好，而是问自己怎样才能做得更好。

要找出完美想法的最佳途径，就是拥有许多想法。我会不断提高自己做事的标准，不断提升自己做事的效率，尽量用较低的成本获得较多的报酬，以较少的精力做更多的事情。因为我知道，成功就是来自不断将事情做得更好的过程。

因此，我每天都会反问自己：我今天要怎样把工作做得更好？今天我该如何激励员工？我还能为公司提供哪些特殊的服务呢？我该如何使工作更有效率呢？这项练习很简单，但很管用。你也可以尝试看看，我相信你也能找到无数创造性的方法来赢得更大的成功。

我们的能力取决于我们的心态，你认为自己能完成多少就能完成多少，如果我们真的相信自己能做得更多，我们就能创造性地找到更多的方法。

拒绝新的挑战等于自掘坟墓，我们都要集中心思寻找做得更多的方法。这样很多创造性答案都会不期而至。例如，改善目前工作的计划，或者处理例行工作的捷径，或者删除无关紧要的琐事。换句话说，那些使我们做得更多的方法多半都在这时候出现。

约翰，你可以跟罗杰斯沟通沟通。我希望他能改变，那时候他会取得突破的。

爱你的父亲

第二十九封信　尾声就是开始

亲爱的约翰：

安德鲁·卡内基先生又被记者专访了，他总是喜欢出现在媒体上，我一直不明白这样做的好处，大概他是患了恐惧遗忘症吧——最害怕被人遗忘。

不过我还是很欣赏这个爱出风头且跟我对着干的家伙，他是个勤奋上进的人，他像个不知疲倦的勇士，总将事情按照第一、第二、第三罗列出来。正因为如此，当他被记者问及为何能取得成功时，他的回答：尾声只是开始。

真难以置信，这个铁匠怎么会说出如此富有哲理和智慧的句子，这句话只有简短的三个单词，但很快成为人们挂在嘴上的至理名言，也许卡耐基先生从此会多一个头衔——商界哲学家。事实上他也值得被这样颂扬，能将奋斗的一生浓缩成这样简短的一句话，这不正验证了这位商业巨头的卓越智慧吗？

不过，这只是一个公式，卡内基却没给具体的演算过程，可能他害怕自己成功的秘诀被人发现吧。看，果然是一个自私的家伙。

此处，我倒想替他解开这一公式。不过，你也不能泄露出去，不然

第二十九封信 尾声就是开始

今年的圣诞节,我可能会收到他送的威士忌和雪茄了。要知道对于烟酒不沾的我来说这可是个折磨。

"尾声只是开始",在我看来,他是在试图表明成功是一个不断繁衍的过程。每一个伟大的成功者,都是用一个个小的成功把自己堆砌上去的,这是每一个创造了伟大成就的人的品质。尾声是一段旅程的最后一站,又是新梦的开始。但如何开始一个新的梦呢?

卡内基在接受采访时并没有说,而这恰恰是期望能否顺利冲到最后一站的关键,更是开始下一个新梦的关键。其实,答案很简单,那就是一开始就必须想方设法找到优势,我的经验告诉我,有三个策略能让我拥有优势。

第一个策略:密切注意竞争者的资源和状况。刚开始时,你可能不知道对方是什么情况,此时,你就要像狮子一样扑向他,不给他任何机会。

也就是说,要密切注意自己和他人都拥有什么,从事新事业时,在了解整个状况之前,不应该急于一时,第一步要做的是要了解彼此的资源,以及资源的多寡。

从一开始,我就预测会出现哪些机会。在我需要的机会面前,我会毫不犹豫地抓住,而且我还知道,最好是优秀的敌人。很多人总喜欢追求最好的东西,而放弃好的东西。这样做并不明智,因为好的总是胜过不好的。而现实是,理想的机会几乎很少存在,常常出现的是那些不够理想的机会,但这样的机会我们也要抓住,因为总好过没有机会。

第二个策略：分析、研究对手的情况，然后运用各种知识，形成自己的优势。

知己知彼，才能百战不殆，在了解了对方的优点、弱点、做事的风格和性格特点后，我们总能找到自己在竞争中的优势。当然，我也要知道自己是谁。就是这一策略，我也曾让卡内基先生心服口服。

卡内基先生在美国钢铁行业的成就是无人能及的，但他也有自己的弱点。他固执己见，并且他的钱包太鼓了，以至于他总是贬低和嘲笑别人，其中就包括我。他也不把我放在眼里，愚蠢地认为石油行业才是我的舞台，而且他固执地认为只有愚蠢的人才会去干采矿那一行，因为他认为采矿利润太低，而且矿石并非取之不尽。

所以，当我投资采矿业时，他几乎逢人就不忘嘲笑我，说我做生意一窍不通，是一个失败的投资者。其实真正目光短浅的是他，他只看到价格而没看到价值，重要的东西是价值，如果不能控制采矿业，他那些引以为豪的炼钢厂就只能变为一堆废铁。

在对手轻视你的时候，就是你在竞争中培养实力的时候。因此，一开始我便放心大胆地全面投资。很快卡内基先生发现，被称为"最不会投资的人"竟成为了全美最大的铁矿石生产商，一举取得了支配地位，要与他分庭抗礼，他坐不住了，只能低声下气地向我求和。

在竞争中，首先发现对方弱点并狠命一击的人，常常是胜者。

第二十九封信 尾声就是开始

第三个策略：找到目标后，你就要下定决心，一定要实现它，这中间肯定会有一些限制，但你必须全力以赴。在竞争开始时更应如此。说得好听一点，这是努力取得早期的优势，希望建立独占的地位。说得难听一点，付出努力等于让别人减少一个机会。而与此同时，我们还要积极勇猛，要有吞下鲸鱼的胆量。我相信，天才的竞争者总是由勇士来承担，这是千古不易的规律。

在《新约·哥林多前书》里，使徒保罗说："如今常在的，有信、有望、有爱，这三样其中最大的是爱。"在每一个新的人生开始的时候，最重要的时候要有必胜的决心，没有追求胜利的态度，那么，关注竞争状况和了解对手就毫无作用了，我们所说的无论是知识攫取、提升掌控力以及了解彼此双方的资源等，都是为了达到最高目标。

看看那些失败的人，你就会发现，大多数人会失败，不是因为犯错，而是因为没有全心投入，企业也是一样。

约翰，我们必须承认且记住卡内基先生那句名言，"尾声只是开始"，当然，还有我那三个策略。

爱你的父亲

第三十封信　明智的人绝不会为命运哀号

亲爱的约翰：

可能最近你自己也察觉到了，你的思想在发生一些变化，这是受你朋友的影响。我从不反对你多交朋友、扩大社交圈，它能带你拓展事业，甚至帮你找到知己和实现人生理想，但并不是所有人都值得交往，比如那些拘泥于卑微、琐碎的人，这些人不值得你花时间结交。

在我还很年轻的时候开始，我就拒绝同两种人交往。

第一种人是安于现状、不思进取的人。他们坚信自己条件不足，认为成功是幸运儿的专利，他们不可能做到，他们宁愿守着一份稳定的工作、一个平凡的岗位，就这样日复一日工作。他们的工作毫无挑战性，他们也知道自己需要改变，但是他们总是能找到阻止自己改变的借口，然后坚信自己不是做大事的料子。明智的人绝不会为命运坐下来哀号。但这种人只会抱怨命运不公，他们从不想你上进，认为自己能创造更大的价值，他们总是让消极占据内心。最终他们真的一事无成、碌碌无为。

第二种人是不能将挑战进行到底的人。他们曾经也心怀梦想，也想成就一番大事业，也曾做了计划和准备，但是在准备和努力的过程中，需要他们承担压力的时候，他们退缩了，他们认为这样不值得，进而自暴自弃了。

他们会自我安慰："我们比一般人赚得多，生活也比一般人要好，为什么不知足，还要冒险呢？"其实这种人已经产生了畏惧，他们担心失败，害怕发生意外，害怕失去已有的东西。他们并不满足，但也甘愿投降，他们不是没有才能，但因为不敢冒险，也选择了过平淡的人生。

这两种人身上有着共同的思想毒素，极易感染他人的思想毒素，那就是消极。

在我看来，一个人的性格、野心以及获得身份与地位，与其社交圈有很大的关系。经常与思想消极的人在一起，他也会变得消极，与小人走得近，习惯也会逐渐卑鄙。反过来经常接受大人物的思想熏陶，也会提高思想水准；经常与成就卓越的人接触，也会使他养成一些优秀的好习惯以及野心。

我喜欢与那些永不屈服的人做朋友。我曾听到过这样一句话：我要挑战令人厌恶的逆境，因为智者告诉我，那是通往成功最明智的方向。只是这种人少之又少。

这种人绝不让消极和悲观左右自己，也不屈从于所谓的压力，他们不允许自己庸庸碌碌过一生，他们充满斗志，认为活着就该获得成就，他们积极乐观，他们坚信自己一定能达成所愿，这种人很容易成为各个领域的佼佼者。他们能享受人生，就是因为认识到了生命的价值，他们始终期盼新的日子，以及结交新的朋友，他们以此来丰富人生，并享受这一过程。

我相信每个人都希望成为这样的人，因为这样的人才是成功者，也只有这些人才真正做事，并且能得到他们期盼的结果。

不幸的是，我们的周围都是消极的人，也有很多人在受消极思想的折磨。

大千世界，人与人之间千差万别。有些人积极进取，有些人思想保守。我工作的周围，有的人野心勃勃，也有的人只为混口饭吃。不过，在成为大人物前，必须先做个好的追随者。

要有所成就就要避免落入各式各样的陷阱或圈套。任何时间、任何地方，都有这样一些人，他们知道自己不行，却硬要阻止你前进，他们嘲笑那些积极进取的人，或者嫉妒别人的表现，甚至做出一些行为来作弄他人。

这些无聊的人，我们无法阻止他们的行为，但我们可以自我约束不受其影响，我们要降低从他们身上获得的期望值，做到水过无痕。我们要时时向那些思想先进的人学习，与他们一起成长和进步。我相信你能做到这一点。

有些消极的人很善良，但也有一些动机不纯的人，他们自己不上进，还要拉别人下水，他们自己没有作为，所以也不希望别人变优秀。记住，约翰，说你办不到的人，都是无法成功的人，亦即他个人的成就，顶多普普通通而已。因此这种人的意见，对你有害无益。

那些说你办不到的人，你一定要谨慎与之交往。你可以将他们的警告当成催促自己前行的挑战。你还要特别提防那些破坏你成功计划的

第三十封信　明智的人绝不会为命运哀号

人，这种人我们身边到处都是，他们乐此不疲，总是破坏别人，不要让那些思想消极、度量狭窄的人妨碍你的进步。那些幸灾乐祸、喜欢嫉妒的人都想看你摔跤，不要给他们机会。

当你遇到难题时，最好找那些第一流的人为你指点迷津。向失败者请教，就等于让庸医治疗疑难杂症，不要指望那些消极的人能给你多少正面的建议，他们自身一辈子都没有出息。

你一定要对周围的环境有警惕之心，好的环境才能让你心理健康，为你服务，而不是消耗你、拖垮你，不要让那些阻力，亦即专门扯你后腿的人使你萎靡不振。让环境帮助你成功的方法是：多与积极、成功的人交往，少与消极的人打交道。

尽量每件事都做好，因小失大而造成的损失和负担很多时候我们付不起。

爱你的父亲

写给孩子的成长奥秘

第三十一封信　忠诚是甘心效命的开始

亲爱的约翰：

你能成为公司的中心人物，这是我们父子俩的荣耀。不过相信你也知道，你在享受这一荣耀的同时，也要承担这一荣耀带来的责任，唯有如此，你才能无愧于这个荣耀，更不会辜负众人对你的希望和信任。要知道，整个公司事业的成败与你的决策息息相关，你能对自己有更高和更严格的要求。

不过，你要明白，你想要在这一职位上干出漂亮的成绩，希望大家认可和认同你，你需要付出的努力还有很多。现在你需要思考的是：你自己是否能成功掌握这个角色。

每一位领导都是一家企业和公司的希望，是带领下属和员工冲破荆棘的精神支柱，说起来简单，但领导者做起来却很难，无论是谁，作为领导者，在管理工作中都会遇到这样那样的问题。比如：忙不完的工作、信息洪流、突然出现的危机、来自客户和其他管理人员或者客户的各种要求、不断出现的挑战，都让你应接不暇、疲于奔命。一些领导者便会因此感到恐惧、挫折、焦虑，甚至放弃自己的个人梦想。

但其实，成为一个活力四射的优秀领导者，其实比做一个死气沉沉、在挣扎无助中度日的领导者更容易。不过首先你要明白如何让你的下属心甘情愿为你工作，这里需要注意的是心甘情愿，而非被迫。

作为公司最高管理层核心人物，我在展现自己权威的同时又获得了好心情，因为我明白，找到为我卖命和完成任务的人，我就获得了时间。也就是说，这能为我节省不少精力和时间，以此让我去做更有意义的事，我有更多的时间去思考和计划如何为公司赚更多的钱。

我们需要明白的一点是，我们的行为是受到态度决定的，而结果自然能明朗化。人可以经由改变自己的态度改变自己的人生，如果你相信能够改变态度，你就能够改变人生。

聪明人在选择时更趋向于对自己有益的态度，那些深谙领导规则的人经常会反问自己：怎样的态度才能帮自己达到真正想要的结果？是鼓舞激励的态度？还是抱持同情的态度？他们永远不会选择冷淡或敌意的态度。

作为领导者，如果你将自己摆在了高高在上、专制的君主位置，那么你的结果注定会很悲哀。我认为我自身从不飞扬跋扈、制造冲突，或者给自己施压，反倒给下属信任、勇气及达成我所期望的商业成就的习惯，这个习惯会帮助我灵活部署下属工作的目的。而要实现这一目的，方法就是要知道如何运用设定目的的力量。

我从不否认，我是一个目的主义者，我也不会将目的的功用无限制放大，我信任目的的引导作用，它能引导我们的行为、思想，激励我们不断朝着目标奋进，在商场摸爬滚打这么多年，一个人能否实现梦想与他的目的的本质与力量有着不可分割的关系。

想想看，从没有一杆就能完成的高尔夫比赛。你需要一洞一洞打过去，你每打出一杆的目的就是离球洞越近越好，直到把它打进。

目的是我领导的依据，目的就是一切。生活中，无论我做什么事，我都会先确定自己的目的。无论是开会，还是谈判，甚至是每天来公司前，我都会做好万全的准备。因此在我的心里，做什么事都是有计划性的，也很少有失误。

我们要么确定自己的目的，要么就会被不断变化的事态所控制，结果很可能会让你失去掌控全局的能力，同时你也将受制于使你分心或搅乱你的人或事件。这就像一艘船一样，一旦失去了航标，它就会随波逐流，最终，它只能任凭海浪的拍打，被海水侵袭而葬身大海。

但是，确立目的只是完成了一半，你还有一半旅程需要完成。你需要完全将你的个人目的、计划、战略前景和企图告诉你的下属，对于每一位需要了解我所要达成目的的人，我会向他们说明我的目的。在每次公司的会议、会谈和工作报告开始时，我都会先表明自己的目的和期望。这样做的好处是你无法想象到的，它能让下属了解你的目的、知晓自己前进的方向，最重要的是，你坦诚的方式能让你收获更多的忠诚，这在企业管理中是很重要的因素。

杰出的领导者都善于动用两种无形的力量：信任和尊重。当你坦诚地说出你的动机和目的时，你也就是在向你的下属传达这样一个信息："因为我对你有足够的信任，所以我愿意向你表白。"这是彼此信任的

第三十一封信　忠诚是甘心效命的开始

开始，你会为此获得下属们的忠诚，这种忠诚能助你凝聚力量，我能取得现在的成就，最重要的原因之一就是信任别人并让别人信任我。

公开你的目的，更能避免无益的推论。目的就如同钻石：如果要它有价值，它必须是真实的。如果下属不知道你的目的，就会猜测，他们会根据自己知道的一些蛛丝马迹来猜测，而这些信息很容易发生误解和扭曲，只有他们明确你的动机，他们的士气与能力才有机会获得提升。所以，把部属当成"傻瓜"似乎更有利。

目的表明的力量是无可取代的，它所传达出的不仅是一项声明，同时也是领导者对于个人行为勇敢坚决的誓言。出自坚决意志与绝对韧性的目的，往往能够激励、鼓舞部属，使他们在以后的工作中能有更杰出的表现。

领导者的天职是发现问题，而解决问题要依靠部属。如何调动下属去解决问题，让他们完成职责是领导者首先需要解决的问题，我认为将你的目的摆出来，热心对待每个人，你想要的就都能实现。

不诚恳地表明目的只会坏事。如果一个人滥用目的的力量，他只会破坏彼此间的信任，并失去别人的信赖。

约翰，到达地狱的路，是由善意铺成的。除非你已做好万全的准备，否则这句话很可能成真。

爱你的父亲

第三十二封信　责难是摧毁领导力的头号敌人

亲爱的约翰：

最近，发生了一件意想不到的事，一直居功自傲、不可一世的钢铁大王卡内基先生居然前来拜访我，且向我讨教了一个非常严肃的问题，我想你也一定也很吃惊，但那位伟大的铁匠就是这么做的。

事情就发生在两天前，当时他来到我们的基奎特。大概是我和蔼可亲的态度，或者是我们愉快轻松的交谈氛围打动了他，他决定放下架子，且问了我这样一个问题：

"约翰，我知道，你是一群精英的领导，我可不是说他们的才干无人能敌，但奇怪的是，他们似乎总是无坚不摧，总能战胜对手，我不知道你有什么魔力，让他们拥有这样的激情的，难道是金钱的力量？"

我告诉他，金钱当然有用，但更重要的是责任。有时，行动未必来自于想法，而是来自于责任。在标准石油公司，每个人都是主人，都有负责精神，都知道自己的责任，都在寻找如何将事情做得更好的方法，但我从不把所谓的责任挂在嘴上，也不给他们说大道理，我只是通过我的领导方式来创造具有责任感的企业。

说完这些，我以为话题到此结束，但卡内基先生竟然更感兴趣了，

第三十二封信　责难是摧毁领导力的头号敌人

他很认真地追问我："约翰，那你能告诉我你是怎么干的吗？"

他表现出谦逊的态度，我实在无法拒绝，我必须如实相告。我告诉他，要做到这一点，需要从领导层面入手，这意味着断然拒绝为了任何理由，去责难任何一个人或任何一件事。

责难就如同万丈悬崖，一旦跌落，就失去了立足点和前进的方向，你会因此陷入困境和挫折中，下属们也会失去对你的尊重与支持，而一旦出现这样的情况，就如同一个国王丧失权力一样，无法掌控大局。

责难是摧毁领导力的头号敌人。其实，在我们的世界里，是不存在常胜将军的，无论是谁都会遭遇失败。所以，当问题出现时我不会感到抱怨、不满，我只是在寻找扭转局势的方法，或者采取什么措施能修复失误，积极地为选择更好的行事方法而努力。

当然，我不会自我放松，一旦出现不好的事时，我会停下问自己一个问题："我的职责是什么？"然后放空自己，对自己进行全方位评估，这样，能避免对他人的窥探，或者对他人提出要求，只有将焦点专注在自己身上，我才能将无意中拱手让出的王冠重新收回。

但是，分析"我的职责是什么"并不是自责，自责是一种最阴险狡猾的责难陷阱，诸如"那真是一个愚蠢的错误！"等自我责难，同样也会让你陷入责难和愤恨中。而事实上，"我的职责是什么"是一种自我肯定，也是对自我的深度剖析。当我知道真正的问题不是他们应该要做什么，而是自己应该做什么时，就会少了很多抱怨。自己越强大，别人的影响力就会越小，看来这不是件坏事。

对于出现的每一个困难和阻碍，如果我们能将其看成是一个机会，而非斤斤计较他人对我做了什么，那么我就能在危机中寻找出路。

当然，我可不是什么救世主，我自问：哪些方面需要我去负责，又有哪些方面部属们要为我负责？领导者不是大包大揽所有事，也不需要拯救这个世界，否则只会让自己陷入危机中。在我的工作职能中，很大一部分是需要部属为自己该负的责任负责，如果下属在自己职责范围内的事都做不好的话，我不认为这样的下属是我需要的，那他就应该离开，为别人去服务了。

强烈的责任感会让人不自觉地调动热情。没有一件事像个人的责任感一样，可以激发并强化做事的能力，能将责任托付给下属，让下属看到我对他的信任，也是对他最大的帮助，所以我不会将本属于下属的责任大包大揽到自己身上。

我征服下属们，靠的不只是示范作用，我的下属们都了解我的领导原则是在标准石油公司没有责难、没有借口，我一直坚持这样的理念！每一个人都知道。犯错未必会受到责罚，但我绝不能容忍不负责任的行为存在。我们的信念就是要彻底奉行。我们的箴言是支持、鼓励和尊重将被全心接受与加倍颂扬。只会找借口而不提供解决方式，在标准石油公司是无法容忍的。我们很少犯错误，因为我们的大门随时为下属敞开着，他们可以畅所欲言、提出自己的看法，但必须用一种负责任的方式。唯有如此，才能让彼此信任。

卡内基先生是位领悟力很强的人，我们没有冗长的谈话，在结束这个话题时，他总结说："在抱怨声中，优秀的雇员也会变成乌合之众！"他真聪明。

约翰，几乎人人都在内心有着推卸责任的潜意识，这就是为什么推卸责任的现象随处可见。要避免这一点，就需要学会倾听。

对于领导者来说，最重要且最有难度的就是创造一个轻松舒适的环境，领导者可以鼓励他人谈论自己的想法，比如，可以这样说"再多说一点"，或是"我真的想听听你的意见"的话语来鼓励他们说出自己的想法。我们大部分认为，在谈话中，谈论者占据主导地位，但实际上刚好相反。

也许你无法相信，但你可以想想看，陈述者焦点、语调或者内容，都取决于你倾听的方式。比如，和一个展现敌意或者对你表现出友好和关注的人说话时，两者之间的差异。当你单纯地聆听其他人说话时，你就卸下了自身的防御与伪装，同时你可以看到这些益处：对于那些包含攻击性或者愤怒的语言背后隐含的议题，你会洞悉得更透彻。你可以得到更多的信息，而这些资讯可以改变你对整个事件来龙去脉的假设。你会有更多的时间来整理思绪。

陈述者会感觉你重视他们的观点。并且，你会发现，当你认真倾听后，陈述者也会慢慢接纳和倾听你的发言。

真实的倾听是不具任何防御性的。即使你所听到的信息满足不了你的喜好，那么你也不该立即做出回应。这更像是一种态度，而非技巧，以滑雪为例，滑雪的人在遭遇困境时，绝不会多花一秒钟时间过多思考，而是给予百分之百注意力。同样地，作为一名积极的倾听者，你应该将专注力全部放到对方身上，这就是去除先入为主的观念，并敞开胸襟与人进行有意义的谈话。

长久以来，我们每个人成为了自身的塑造者。我们每个人都要为自己的选择负责，就如你的"目的"决定了行走的方向，拒绝责难方能助你实现目标。

爱你的父亲

第三十三封信　不以自己的好恶作为选拔人才的标准

亲爱的约翰：

很开心你能给我来信，并且让我欣慰的是，你真正理解了我一路走来成功的秘诀：做你喜欢做的事，而其他的事，就交由喜欢做这件事的人去做。

一直以来，我认为最不容置疑的是，要做自己喜欢的事。作为领导，要带领下属完成工作任务，不要投机取巧依赖某些管理技巧，而是要宏观地掌控全局。具体而言，就是我不会让手下固守岗位上的工作，而是要引导他们将热情倾注到工作岗位上，以此来提升效率，这就是我成功的法门。

"最完美的人就是那彻底投身于自己最擅长的活动的人。"这是我从读书时代就很喜欢的一句话，后来我将其运用到公司的管理中：最能创造价值的人就是那彻底投身于自己最喜欢的活动的人。

每个人的天性里，都有忠于自己的因子，都想努力成为自己想成为的人。而他们实现忠诚自己的方式就是做自己喜欢做的事。遗憾的是，很多管理者却并未认识到这一点，也没利用员工的这一诉求，结果导致

管理效率低下。

其实很简单，一个人如果精力没有放到自己喜欢的事上，那么他很难满足自我，然后就会失去生活热情和动力，我们不可能对一个失去工作热情的人抱有期望，认为他能出色地完成工作任务，否则就太可笑了。

所以，我一直坚持管理中的一项任务——燃烧他们的热情，让他们的特别才干发挥到极致，而我从中能获得成就、财富。也就是说，忠于自己是人生中最伟大的战役，谁又会放弃这样的机遇呢？

作为领导者，要挖掘下属的热情，就不要紧盯着他们的缺点，而应该关注他们的才华与优点，并充分利用这些优点。我不喜欢挑下属最脆弱的特质，而是善于寻找他们最坚强的部分，让他们的才干充分展现在工作的挑战与需求上。例如，我重用阿奇博尔德先生。

不少领导者喜欢以自己的好恶为选拔人才的标准，但我却不喜欢用这样的标签去衡量人才，我更看重一个人在工作中的表现。我有自己的喜好，但是用人上我更追求效率。

阿奇博尔德也有自己的缺点，他嗜酒如命，而我却是个禁酒主义者。但是他在领导能力上有出色的才能，他头脑灵活、乐观积极、口才幽默，他热爱竞争，且总是能获胜，所以我们从对手变成了合伙人，我对他非常赞赏，且不断重用他，为我分忧解难。他已经证明了自己是一名天才的领导者，他的职业生涯是那样特殊。如果他能戒除那些不良习惯，相信他会更出色。

我一直致力于在每位下属身上寻找到那些我重视的价值，而不是那些我不喜欢的缺点和不足。事实上，每个员工身上都有值得被重视和欣赏的部分，我更努力将员工的优点转化成出色的才能，而不会试图修正他们的缺点。所以，我总是拥有健全能力、乐意奉献的部属。

约翰，你作为管理者要明白，没有谁是无所不能的，你的领导能力决定了你在事业上的成就。也许你的手下有很多缺点，但你要认真挖掘每个人身上潜在的优点，注意他们在完成任务中的点滴表现，以及在为了完成任务时的努力与坚持等。而对完美主义近乎苛求的坚持，这是你领导力的优势所在。

集体的力量是强大的，谁也不能独自主宰一个集体。我不否认领导者的巨大作用，但要取胜，还要靠集体，在我的人生中，所取得的任何荣誉所依靠的都是集体的力量，而绝非我个人。也只有众人都贡献一份力量，才能有奇迹的出现。

祝你好运！我的儿子。

爱你的父亲

第三十四封信　勇于在别无选择中，毅然杀出一条生路

亲爱的约翰：

汉密尔顿医生又长胖了，虽然他经常参加高尔夫运动，但他的腰围还是无法控制住，看来他需要寻求新的更好的控制体重的方法了。不过到目前为止，他还没发现防止他增重的运动还没被发明，他很痛苦。不过，他是个开心果，总是会为我们讲各种各样的故事，给我们带来欢乐。

这天，在讲完垂钓者和渔夫的故事后，他问我："洛克菲勒先生，您是想做渔夫，还是想做垂钓者？"这是一个好问题，我开玩笑地回答他："如果过去我做了垂钓者，那么现在我根本不可能有资格和你们一起打高尔夫，因为垂钓者的方式不能保证我成功。"

接下来，我阐述了垂钓者和渔夫这两种思维方式的不同。尽管垂钓者也会事先做好思考、计划、决定：去哪里钓鱼，用什么饵料，要钓哪种鱼，需要将鱼线抛到哪里，而后才坐等大鱼上钩。就形式而言，他们没做错什么，但结果是否如愿没人知道。然而，尽管他们会花上半天乃至一天的时间，他们也有可能一条鱼钓不到，也有可能只有几条鱼，而

第三十四封信　勇于在别无选择中，毅然杀出一条生路

渔夫则不同，他不至于用垂钓这种方式，他的目的是捕鱼，他很有可能撒开网去，就能收获颇丰。

我自己不是个固执、刻板的人，只要目的能达到，不必太拘泥于形式。最后，汉密尔顿先生笑了，说洛克菲勒泄露了赚钱的秘密。

作为总裁，我只为部属设立清楚明确的方向或策略，而不会将自我局限于过分僵化的行动计划中。相反地，我会持续探索能够实现策略的各种可能性。

约翰，不论你做什么，要找出完美想法的最佳途径，就得拥有许多想法。在做出最完美的决定之前，我会致力于寻找具有创意与功效的各种可能性选择，考量多种可能性方案，并积极尝试各种选择，然后才将重点放在最好的选择上。这也是我能捕到大鱼的原因。当然，在执行计划的过程中，我也会因时因地、顺应时势，不断调整和修正策略，所以，即使一开始计划并不完美，在进行的过程中进展并不顺利，我都不会乱了方寸，总是能找到冷静应对的方法。

可能很多人认为我是一个具有行动力和效率的领导者，但如果真是如此，你也可以做到，只是你需要摒弃曾经的以简单的方式、以单向方法来解决方案的冲动，要愿意尝试多种方法解决问题，并且在困难面前要有毅力与耐心、胆略以及不达目的誓不罢休的执着精神。那些单纯操弄手段的计划者在策略者面前几乎不值一提。

在很多人看来，做成事的关键在于策略计划的准确性，不过前提是要建立在有具体、可衡量、可达成以及实际的行动目标之上。这一点毋

庸置疑，不过，人们没有发现它背后隐藏的致命缺陷，计划是建立在一定的判断标准与预设成果基础上的，人们所采用的也是认为可达成目标的固定方法。由于这些方案是建立在预期能达成目标的已知方法上的，因此我们在开始行动之前，其实已经划定了大致范围。

尽管人们制定计划可能天衣无缝，但实际上很多情况下，人们在行动之前，可能情况已经发生改变了。也就是说，不仅市场的状况、客户改变，就连客户资源也在发生改变，因此那些斥很多人力、物力做出来的计划，却很少真的被执行。

要如何应对这种状况呢？

我们制订计划，无论是为公司还是某个部门，都要确定自己制定的是一种策略而非手段。策略的本质是从大局出发的、多变的、长远的，它的侧重点在于如何成长或扩大利润这类的成果，而不是某个可衡量的目标。同时策略关注的大方向，而并非某个唯一的方式。

要成为杰出的领导者，我们必须让自己成为一位具有策略性的思考者，而不仅是手段的设计者。我们还要防止自己被某个既定的文件流程束缚住，虽然我们强调专注，但同样要注重弹性空间。我们着重于探索的过程，在每一天的分分秒秒中，我们都能开创有助于达成长远目标的可能方向。我们不会限定自己运用三种或者五种方式来达成目标，我们无论是与下属沟通，还是与对手角逐，都随时在发掘能赚取利润的更好的方法。为了避免危机，我们需要随时找到新的策略，以此调整计划，每天的商业环境都是在改变的，与之相对应的，我们也必须据此来修正长远的进程，这样在短期内我们不但能维持弹性的作风，同时从长期来看，对于一个能符合最新经济环境的弹性理想目标也有了清楚的概念。我们可将那些陈旧的策略计划束之高阁，并且精力充沛、满怀希望地在朝气蓬勃的环境中步调一致地向前迈进。

领导者要始终充满希望，无论现实情况看起来多么糟糕，都要找到希望，且永远不要放弃，因为希望一直存在。实际上，领导者也有义务给予希望，这不仅是为自己，也是为下属。回想曾经那些感到绝望的时刻，那时候可能你觉得自己已经无路可走了，或者相信自己没有选择了，你感到迷惘、绝望。然而，克服绝望的方式只有一种，那就是继续创造出各种可能性以跨越障碍，也就是说，希望存在于相信更多选择的存在。那些优秀的领导者往往具有应对商业危机的能力，他们总是能找到更多方案、创造新的市场机动计划、应对危机的多重策略等，因此，当局势看似很不乐观时，他们也能绝地反击，他们凭借出色的才能、灵活的手腕，以及随机应变的智慧，巧妙地找到空隙并摆脱险境。他们在别无选择的劣势下，也能杀出一条生路。

如果刚开始就发挥创意的价值，就能避开无效的忙碌、挫折与痛苦。

即便事情看来已经走投无路，如果我们依然希望不灭，我们就能突破自我，且能给下属新的机会和选择。所以，我们要勇于在看似绝路中找到新的出路。

爱你的父亲

第三十五封信　始终把雇员摆在第一位

亲爱的约翰：

你可以想象一下这个画面：座无虚席的演播厅内，一场交响乐即将开幕，乐团指挥却在此时转身去面向观众，留下音乐家们独自奋战、辛苦演奏，那么，这场演奏结果会怎么样？很明显，这场音乐会注定糟糕，因为指挥没把音乐家放在眼里，后者就会用消极怠惰来"感谢"他，并搞砸一切。

其实，在任何一家公司，老板就是一位乐团的指挥，他的愿望就是下属们能调动起自己的力量，从而为公司多做贡献，能帮他多赚钱。然而，很多老板做不到这一点，因为他们对下属们给予了愚蠢的指挥，他们忘记善待自己的下属和员工，而员工和下属自然就不愿意付出。

我当然也希望员工能像忠实的仆人那样为我做更多的贡献，这也许是所有雇主的真实想法。当然，我比他们聪明许多，是这些雇员让我们的钱袋鼓起来，我们应该善待他们，我们应该充满感激。我从来不谩骂我的雇员，也不对他们大声说话，更不会像其他富人那样在雇员面前盛气凌人，我给予雇员的是温情、平等与宽容。所有这些合成一个词就叫尊重。尊重别人是满足我们道德感的需要，但我发现它还是激发雇员努

第三十五封信 始终把雇员摆在第一位

力工作的有效工具，标准石油公司的每个雇员都为公司竭尽全力工作的事实让我坚信：给予人们应得的尊重，他们就能将潜能彻底发挥。

渴望获得慷慨，是人性最基本的一面。我是个勤俭的人，但我对我的员工很慷慨。记得那次经济大萧条时，很多朋友走投无路，我为此借债帮他们渡过难关。而在我的记忆中我从无催债和逼债的记录，因为我知道心地宽容的价值。

至于对员工，我同样慷慨、体恤，我给员工的薪金是同行业中最高的，另外他们还能享受到老有所终的退休金制度。除此之外，标准石油公司的员工还可以主动每年约见老板一次，以要求加薪。

我不否认付出慷慨的功利作用，但我更知道我的慷慨将换来雇员生活水准的提升，而这恰恰是我的职责之一，我希望每一个为我做事的人都因我而富有。在平时，我会主动关心这些雇员，经常询问他们："你需要什么？"和"我可以帮上什么忙？"因此，很多在标准石油公司工作的人，都觉得工作充满了乐趣。

薪水和奖金固然吸引员工，但是对很多人来说，金钱并不是激发他们为我效命的关键因素，但是给予他们重视可以。在我看来，每个人都希望被看重，被认为有价值、受到重视、赢得他人的尊重！

很难想象，假如一个人在公司或家庭中不被重视会有多痛苦，因此，我希望我的员工都能在工作中如沐春风。因此，我要用自己敏锐的眼光找到每个员工身上会让他们感到自豪的地方，以及他们认为自己最值得重视的才能，然后给予他们重任。一个善于激励雇员做出最大贡献的老板，会总是记住让员工看到他们跟随或者效忠于你的希望与未来的前途，而给予重视、委以重任其实也是能让员工有动力努力工作的关键点。

企业领导要对下属和员工温暖、和善、体贴，这能让员工斗志昂扬。但对员工时常表示谢意，似乎也很有作用。五年前的一次奖金可能早就被忘记了，但是溢美之词可能让他铭记于心，我不会吝啬对下属表达赞美。

我有个习惯，那就是在员工办公桌上留一张纸条，上面会写几句感谢词，这并不会花费我多少时间，也就一两分钟的事。但我的几句话，也许就能对员工产生鼓舞的作用，也许多少年后，他们还能记得自己曾有个慈爱的领导对他的鼓励。

这就是一则简单的感谢声明，能够展现强大力量的另一个明证。

我会认真对待我的每一位员工，以及他们在工作或个人方面的问题。我知道每个人的能力和精力有限，因此当我尽力解决员工问题的同时，他们也能为我做出更多的成绩。

约翰，现在你已经身处领导层，你的成就来自于你的能力，同时也是下属和员工的能力，我相信你能做好。

爱你的父亲

第三十六封信　巨大的财富也是巨大的责任

亲爱的约翰：

很高兴，这场金融危机终于过去了！现在，我想我们那位合众国总统西奥多·罗斯福先生，终于可以休闲消遣了，他在这场危机中的表现并不出色，不过，也并非什么都没有做，他用"担忧"支持了华尔街。上帝呀！纳税人真是有眼无珠，竟然将他推上了总统的位置。

坦率地说，一提到西奥多·罗斯福的名字，和他对标准石油公司所做的一切，就令我愤怒，这个小人竟然利用自己的职务之便对我开出一张巨额罚单，并下令公司解散，我相信我们所有的公司不是垃圾，我们有杰出的管理队伍、有充足的资金，我们可以抵御任何风险与打击，我们的财富将因它健康的机体滚滚而来。等着瞧吧！我们会有暗自窃喜的时候。

我们的确受到了伤害，受到了极不公正的对待。西奥多指责我们是拥有巨富的恶人，那位法官大人侮辱我们是臭名昭著的窃贼，好像我们的财富是密谋掠夺来的。错！这些人只会纸上谈兵，他们又怎么知道我现在拥有的大企业是如何一步步建立起来的，我们的每一分钱里都有我们的汗水，更凝聚了我们的智慧。我向他们解释了太多，但他们根本不

听，只相信自己那些弱智的判断，甚至用侮辱性的话来伤害我们，他们为什么不想想，他们现在用的照明灯，用的钢笔，都是我们这些所谓的恶人创造出来的呢……孩子，我们正在经受着前所未有的迫害，来自罗斯福政府的迫害。但无论怎样，我们要学会沉默，学会忍耐，绝不可感情用事。

后来，美国发生了严重的信贷危机，所有银行都排满了人，民众已经对政府失去了信心，联邦政府无力保证黄金储备，华盛顿转而向摩根先生求助，但摩根无能为力。此时，"钱袋先生"必须要为此做些什么，我打电话给斯通先生，请美联社引用我的话，告诉美国民众：我们的国家从不缺少信用，金融界的有识之士更以信用为生命，如果有必要，我情愿拿出一半的证券来帮助国家维持信用。请相信我，金融地震不会发生。

终于，华尔街逐渐走出困境，我也受到了媒体和政府的高度嘉奖，就像《华尔街日报》评论的那样，"洛克菲勒先生用他和声音和巨额资金帮助了华尔街"。

当然，华尔街能成功度过此次信用危机，摩根先生是大功臣，他在这场经济战争中是一个名副其实的指挥官。在他明智的指挥和决策下，这些商界名士聚集起来共同应对了危机，用他不可替代的金融才能和果决的个性拯救了华尔街。所以我说，美国人民应该感谢他，华尔街的人应该感谢他，西奥多·罗斯福更应该感谢他，因为摩根替他做了他本该做却因无能而没有做的事。

无论是报纸还是周围的人，都对那些在金钱上慷慨的人大加赞誉，

第三十六封信 巨大的财富也是巨大的责任

但帮助别人不是为了获得赞誉，而是为了获得良心的平静。良心的平静才是唯一可靠的报酬，国难当头，我们本该当仁不让、勇于承担。我想那些真诚伸出援手的人们同我一样，我们只是想用自己的力量、信仰与忠诚照耀我们的祖国。

但我并非没有可耻的记录。事实上，在四十多年前，当大家都在为解放黑奴而战斗的时候，我因为公司刚开业而未能参与，这看上去是一个让人心安理得的原因，但这件事一直萦绕在我内心，让我良心不安，因为我认为当国家需要自己时，自己未能尽一份力。而十几年前的信贷危机时，我才得有救赎的机会。这让我非常高兴，比赚多少钱都令我高兴。

但我并不会将自己视为拯救者，也不会因这一举动而自命不凡。我明白，自己是公民，而且有巨大的财富，所以我承担着比常人更大的社会责任。比拥有巨大财富更崇高的是，按照祖国的需要为祖国服务。

约翰，我们是有钱，但在任何时候，我们都不该肆意花钱，我们的钱只用在给人类创造价值的地方，而绝不能给任何有私心的人一点点好处。

当然，我们也绝不再给共和党人捐款助选，因为西奥多·罗斯福真的太令人气愤了。

名誉和美德是心灵的装饰，如果缺少它，哪怕外貌再美，也不值得颂扬。

爱你的父亲

第三十七封信　即使要出卖心灵，也要卖给自己

亲爱的约翰：

我们的身体需要食物，但我们的精神何尝不是呢？很多人常常以没时间为借口，让自己的精神世界饱受饥饿的折磨，或者只是在闲暇时或者偶尔才想起来充实它，却始终不忘记自己的口腹之欲。

可能你认为我的看法太消极，我们当下正是处于人们都追求满足脖颈以下消费的时代，人们都忽略了充实自己的心灵。事实上，你也听到过，人们经常说：不能漏掉一顿午餐，却听不到：你最后一次满足心灵饥渴是在什么时候的声音，是不是我们都已经精神富足了呢？答案很明显是否定的。事实上，我们大部分人都急需充实心灵，因为心灵的匮乏，他们任由消极、失败、颓丧占据心灵，他们都迫切需要精神的滋养和灵感的召唤，但他们几乎全都排斥充实他们的心灵。

如果人类的头脑和自己的肠胃一样，在饥饿时能提醒我们，那该多好。可惜我们绝大部分人根本没有认识到充实心灵的重要。其实每个人真正的皈依在于心灵，你的好坏也来自于心灵的抚育。因为你的创造来自于心灵，你的任何一种表现也来自于心灵，你对于未来是做好准备，还是即将毁灭，都是心灵的影响。

第三十七封信　即使要出卖心灵，也要卖给自己

积极的心态也来自于心灵，事实上，每个成功的一流人物都是心态积极的，这是因为他们经常清洁和洗涤自己的心灵，让自己的心灵更洁净，这就好比每天为自己补充身体能量一样，他们也不忘每天的精神食粮。他们知道，如果满足了人的脖颈以上的部分，那么脖颈以下的部分，就不必忧愁了。

任何人，心有处安放，才不至于流浪。首要的，即使你要出卖心灵，也要卖给自己。我们要接纳自己。我们必须清楚，人是上帝按照自己的意愿创造的，地位仅次于天使。上帝不会设下有关年龄、教育、性别、胖瘦、肤色、高矮或其他任何表面上的限制，上帝也没有时间创造无用的人，更不会忽略每个人。其次，我们要有积极的态度。

两年前，我与心理学家卡尔·荣格有过一面之缘，他向我讲述了这样一个故事：

洪水以不可阻挡的势头淹没了村庄，有个人为了避难，爬上了屋顶。

有位邻居漂浮过来说道："约翰，这次洪水太可怕了，你说对吧？"

约翰回答道："不，其实它并不怎么可怕。"

邻居听完后一脸震惊，然后反驳说："还不坏？你的鸡舍都没了。"

约翰说："没错，可是半年前我已经开始养鸭了，现在它们都在游泳呢！"

"可是，约翰，你的庄稼被淹了呀！"邻居坚持说。

约翰回答说："也不是，之前我的庄稼就是因为干旱而蒙受了很大的损失，它们急需要水，我的土地需要更多的水，所以这下就解决了。"

那位悲观的邻居依然不放弃，他继续说："但是约翰，你看，马上水位就要到你家窗户了。"

约翰听完笑得更开心了，说道："我希望如此，这些窗户实在太久没清洗了。"

这个故事看上去是个玩笑，但告诉了我们这样一个心态境界——一定以积极的态度来应对外界的起伏变化。一旦有了这种心态，即便遇到消极的情况，我们也能让心灵自动地做出积极的反应。而要想达到这种境界，唯有充实、洁净我们的心灵。

人是可以被改变的。荣格告诉我，改变一个人有时候只需要一个词语，就能影响到他的感悟、收入、态度乃至整个人生。例如，如果将"恨"从某个人的字典里去除的话，并且用善、爱来代替它，那么，他的心灵和整个世界都会变得更加纯净和美好。我们每个人，在心灵里放置了什么，决定了未来拥有什么，所以问题显然是：我们要怎样喂养我们的心灵——找什么时间去补充精神食粮。

砍伐者，为什么所砍伐的产量会下降，因为他没有时间来磨自己的斧头，我们花精力和时间修饰自己的外表，但我们是否有时间和精力来修饰头脑呢？答案自然是肯定的。

事实上，精神食粮随处可得，如书籍。书籍是经由心灵撞击而产生的精神食粮，这是充实心灵的一劳永逸的方法，我们可以从中挑选任何自己想要的，书籍中含有无穷的智慧，从中我们能学会谦逊、聪明。

当然，也有一些书是我们不该读的，比如很多商人撰写的，在这些书籍中，充斥着金钱的味道、无耻的邪念，他们的书只配捧在那些浅薄、庸俗的人的手里。我们需要的是能给我们带来能量的书，能带领我们进入一个新的高度，引导我们积极行善积德，如《奋力向前》。

这是一本激荡我们灵魂和心灵的伟大著作，我相信，如果所有人都能人手一本，一定能从中受惠，如果谁错过它，可能错过了伟大的人生，我希望我的子孙都能去读这本书，它能为所有的人开启幸福快乐之门。

事实上，那些成功者，他们都是早已认识到，人的心灵必须要像身体一样定期给予营养补充，才能产生新的能量，才能步入新的高峰。

约翰，只要我们想要回家，就一定能找到回家的路，心灵之光始终指引我们前行。

爱你的父亲

第三十八封信 我们要做"世上的盐"

亲爱的约翰：

在《马太福音》中记有一句圣言："你们是世上的盐。"

多么简单却又意味深长的话，我们都知道，盐是一种调料，它食之有味，又能起到清洁的作用，因此，这句话是想教诲人们应该肩负怎样的使命和发挥怎样的影响。我们来到世界，就要为世界带来美好，就要净化我们的世界，就是要让世界免于腐败，进而给周围的人带来健康又有活力的生活气息。

盐给我们的直观印象是高尚、有力、真正虔诚的宗教生活。那么，我们应该用我们的财富、原则和信仰到做什么呢？无疑，我们也要像盐一样积极地为社会服务，让他人受益，这是我们每个人都要尽到的一份社会责任。我们现在的责任，就是完全献身于周围世界和众人，专心致志于我们的给予艺术，在我看来，这是最伟大且最有意义的事了。

提到伟大，我不得不说一篇伟大的演讲词，那是我一生中不多见的伟大的演讲词。它让我明白一个道理：人没有什么了不起，但没有什么比人更了不起的了，这要看你为你的同胞和国家做了什么。

现在，我就把这篇伟大的演讲词抄录给你，希望它能对你大有

第三十八封信 我们要做"世上的盐"

裨益。

女士们，先生们：

今天很荣幸，我能在这样的场合下会晤一些大人物，提到大人物，可能在座的各位会说，我们这个城市有什么大人物呢？大人物不应该在那些诸如伦敦、旧金山、罗马或其他大城市的地方吗？这样一个小地方，怎么会有大人物呢？如果你也这样想，那么，你就大错特错了。我们这个城市的大人物和其他任何大城市的大人物一样多，包括在座的各位，有老有少，有男也有女。

现在，我可以说在很多情况下，人们在如何判断一个人是不是大人物时，犯了一些错，而最大的错误就是从其自身成就来判断，比如有没有一间宽敞明亮的办公室。但是，我要说的是，真正的大人物不应该有这样的标准。

那么，谁才是世界上的伟大人物呢？这大概是很多年轻人想要刨根问底知道的答案，我告诉你们，大人物不一定就是在高楼大厦里设有办公室的人。人之所以伟大，是因为他自身存在的价值，与他身上的地位、职位并无关系，我们谁也无法说一个君王比辛勤劳作的农民更伟大，因为君王也需要吃粮食才能生存。不过，我要说的是，即便如此，那些身居要职便以为自己是大人物的年轻人也不该受到责备。

现在，请问，在座的各位，你们有谁打算做个伟大的人物？

那个戴西部牛仔帽的小伙子，你说你总有一天要成为这座城市的大人物。真的吗？

你打算在什么时候实现这个心愿呢?

你说,你会去参加战斗,会在枪林弹雨中冲锋陷阵,甚至扯下敌人的旗帜,你会获得表彰、获得勋章,你会担任政府要职,甚至成为人人敬仰的大将军,你认为那时你一定是个大人物。

不,你不是,这样的行为并不是伟大,但你的想法不该受到责备,因为你一直接受的就是这样的教育,那些担任官职的人都曾经英勇地参战。

在美国的西班牙战争结束时,我们所在的这座城市进行了一次和平大游行。

当时,游行的队伍走上街头,领头的是高头大马拉着的马车,马车上坐着的是人们高呼万岁的霍普森先生,街道两边都是人。当霍普森先生经过他们身边时,他们都把帽子抛向天空,挥舞着手帕,大声地叫:"霍普森万岁!"我想,如果我也是其中一员,我一定也会有这样的举动,因为这一荣耀对他来说当之无愧。

但是,如果你到大学里去问那些经常学习历史的大学生们这样一个问题:"年轻人,你们知道是谁击沉了梅里马克号吗?"

"是霍普森。"这大概是美国人的回答,但这个回答明显是个谎言,因为击沉梅里马克号的总共有八个人,另外七个人只是无名小卒,也是无名英雄,他们的荣誉只是最终随着西班牙人的炮火化为灰烬,而霍普森先生身为指挥官,很可能置身于炮火之外。

先生们,女士们,我知道你们中的大部分人是知识分子,但和那些大学生一样，我想在座的各位当中想必也没有一个人能说得出与霍普森先生在一起战斗的那七个人是谁。

我们为什么要用这种方式来教授历史呢？

我们实际上应该告诉学生，任何人，无论他的职位和地位如何，他尽职尽责、本应该获得荣誉的话，那么他获得的褒奖就应该和一位国王一样。

在家庭教育中，可能有很多类似以下场景中的对话：

儿子问妈妈："妈妈，那栋高高的建筑物是什么？"

妈妈："那是格兰特将军的坟墓。"

儿子："格兰特将军是什么人？"

妈妈："他是平定叛乱的人。"

历史怎么可以这么教呢？

实际上，如果我们只有一名格兰特将军，真的能打赢战争吗？很明显不会，那么为什么要在哈德逊河上造一座坟墓呢？其实那代表的并不是格兰特将军本人是个伟大人物，只能说那是一段伟大的历史，代表的是二十万名为国捐躯的英勇将士，而其中许多人和格兰特将军一样伟大。这就是那座美丽的坟墓耸立在哈德逊河岸边的真正原因。

有这样一件事足以说明情况：

这也是我今晚所能想到的唯一一个例子。这件事令我很惭愧，我无法将其忘掉。我现在把眼睛闭上，那事情还历历在目。

事情发生在1863年，我的老家在伯克郡山，牛市很火，到处都是人，当地的市政厅和教堂也人满为患。当天的情形依然历历在目，乐队在演奏、国旗迎风飞扬，手帕在风中狂舞，街道两边围满了人群，大家都是来迎接一群士兵的，他们在内战中服完一期兵役，又要再延长一期，现在正受到家乡父老的欢迎。

我当时很年轻，而且是士兵中的连长，这简直让我倍感荣光，我走在队伍最前面，得意极了，好像一个充满气的气球，仿佛只需要一根细细的针，就可以将我扎破。我们列整齐的队伍走进了市政厅，我和我的士兵们坐在大厅的中央，而我则坐在前面，接着进来的是镇上的官员，他们围成一个半圆形落座，再进来的是市长，他坐在了半圆形的中间。

我仔细打量了一下他。他头发花白，想必年岁不轻，以前从未担任过公职。我想在他看来，他自身已经是个伟大的人物了。他从座位上站了起来，然后调整了他的那副看起来很笨重的眼镜，再环顾四周，然后将目光落到了我的身上，他示意我上台，和其他镇里的官员坐在一起。

当时的我激动极了，因为市长大人邀请我上台，要知道在这之前，我从未被一个市政府官员注意到过。

我接受了他的邀请，我坐在台前，让我的佩剑垂在地板上。我双手抱胸，等待接受欢迎，此时的我简直是拿破仑五世！

但骄傲总在毁灭与失败之前出现。这时他从口袋中慢吞吞地掏出他的演讲稿，准备对着市民演讲，以此欢迎我们的归来。

他开口前将演讲稿摊开在桌上，然后调整了一下眼镜。他先从讲坛后面退了几步，然后再走向前。他一定很用心地研究过演讲稿，因为他此时表现得像一位专业的演说家——将身体重心放在左脚，右脚轻轻向前移，两肩往后缩，然后张开嘴，以四十五度的角度伸出手。

"各位亲爱的市民，今天我们很高兴欢迎这些英勇参战的……不畏流血的……战士回到他们的家乡，让我们更为高兴的是，这里有一位年轻的英雄（指的就是我）……这位年轻的英雄，稍加想象，我们就能看到他和敌人殊死搏斗的场景，当我们看到他那把闪亮的佩剑……在阳光下发出耀眼的光芒，他对着他的部队大叫：'冲锋'。"

当我听到这几句话时，我简直想直呼上帝，因为这个糟糕的老头子居然对战争一窍不通，稍微有一点战争常识的人都了解一点：战争中，最前面的绝对不是军官，如果这样做了，那么他犯下的就是致命性错误。他竟然还想象我拿着闪亮的刺刀对部下大喊：冲锋！上帝，我保证我从未这样做过。

在座的各位认为我会那样做吗？我会跑到最前面，被前面的敌人和后面己方部队夹击吗？我是不可能那样做的，在任何一场战争中，军官所在的位置都在士兵身后，因为军官是军队的核心，起到的是指挥的作用，稍有差池，就会乱了军心，让军队全军覆没。所以在我经历的战役中，只要树林中冲出来了叛军，从四面八方向我方攻来时，我总是要骑着马对我方军队一路叫喊："军官退后！军官退后！"

实际上，在军官中，军衔越高的人，站的位置离敌人也越远。这不是勇气不足的原因，而是因为作为战争的首脑，必须要保证最高指挥官的安全。

我居然会拿着"那把在阳光下闪闪发光的佩剑"。多么可笑，要知道，那天和我坐在大厅里的人中，就有曾经以生命保护我这名军衔并不高的军官，也有人背着我横渡极深的河流。更有甚者为了保护我丢了性命，所以当时的大厅中并没有他们的身影，可笑的是，市长并未提到他们。真正为国捐躯的人却被遗忘，而我这个毫发无伤的小男孩却被当成了英雄被人赞扬。

我为什么被当作英雄？

很简单，因为我们的市长大人也和很多人一样犯了愚蠢的错误，在他看来，这名小男孩也是军官，其他的人只是士兵。

这件事让我得到了一生都未曾忘记的启示：一个人之所以伟大，并不是因为他拥有某种官衔。他之所以伟大，是因为他以些微的工具创下大业，以默默无闻的平民身份完成了人生目标。这才是真正的伟大。

只要一个人能为大众做贡献，能为大众提供宽敞的街道、舒适的住宅、优雅的学校、庄严的教堂、真诚的训诫、真心的幸福，只要他能得到当地居民的感谢，无论他到哪里，都是伟大的。但如果他不被当地居民所感谢，那么不管他到地球的哪个角落，都不会是个伟大的人物。

希望在座的各位都知道，我们是在有意义的行动中活着，而不是岁月中；我们是在感觉中活着，而不是电话按键上的数字中；我们是在思想中活着，而不是空气中；我们应该在正确的目标下，以心脏的跳动来计算时间。

如果你忘记我今晚所说的话，请不要忘记我下面的话：思考最多、感觉最高贵、行为也最正当的人，生活也过得最充实！

爱你的父亲